MIX
Papier aus verantwortungsvollen Quellen
Paper from responsible sources
FSC® C105338

Tim Schebler

# Die Umstellung von IAS 32/IAS 39 auf IFRS 9 in der internationalen Rechnungslegung

## Chancen und Herausforderungen für die bilanzierenden Unternehmen

Diplomica Verlag GmbH

Schebler, Tim: **Die Umstellung von IAS 32/IAS 39 auf IFRS 9 in der internationalen Rechnungslegung: Chancen und Herausforderungen für die bilanzierenden Unternehmen.** , Hamburg, Diplomica Verlag GmbH 2014

Buch-ISBN: 978-3-8428-9177-7
PDF-eBook-ISBN: 978-3-8428-4177-2
Druck/Herstellung: Diplomica® Verlag GmbH, Hamburg, 2014

**Bibliografische Information der Deutschen Nationalbibliothek:**
Die Deutsche Nationalbibliothek verzeichnet diese Publikation in der Deutschen Nationalbibliografie; detaillierte bibliografische Daten sind im Internet über http://dnb.d-nb.de abrufbar.

Das Werk einschließlich aller seiner Teile ist urheberrechtlich geschützt. Jede Verwertung außerhalb der Grenzen des Urheberrechtsgesetzes ist ohne Zustimmung des Verlages unzulässig und strafbar. Dies gilt insbesondere für Vervielfältigungen, Übersetzungen, Mikroverfilmungen und die Einspeicherung und Bearbeitung in elektronischen Systemen.

Die Wiedergabe von Gebrauchsnamen, Handelsnamen, Warenbezeichnungen usw. in diesem Werk berechtigt auch ohne besondere Kennzeichnung nicht zu der Annahme, dass solche Namen im Sinne der Warenzeichen- und Markenschutz-Gesetzgebung als frei zu betrachten wären und daher von jedermann benutzt werden dürften.

Die Informationen in diesem Werk wurden mit Sorgfalt erarbeitet. Dennoch können Fehler nicht vollständig ausgeschlossen werden und die Diplomica Verlag GmbH, die Autoren oder Übersetzer übernehmen keine juristische Verantwortung oder irgendeine Haftung für evtl. verbliebene fehlerhafte Angaben und deren Folgen.

Alle Rechte vorbehalten

© Diplomica Verlag GmbH
Hermannstal 119k, 22119 Hamburg
http://www.diplomica-verlag.de, Hamburg 2014
Printed in Germany

# INHALTSVERZEICHNIS

Inhaltsverzeichnis     I

Abkürzungsverzeichnis     IV

1. **Einleitung**     1
    1.1 Motivation     1
    1.2 Zielsetzung     2
    1.3 Gang der Untersuchung     3
2. **Bilanzierung und Bewertung von Finanzinstrumenten nach IAS 32 und IAS 39**     5
    2.1 Anwendungsbereich     5
    2.2 Ansatz     7
    2.3 Klassifizierung von finanziellen Vermögenswerten nach IAS 39     8
        2.3.1 Nicht börsennotierte Kredite und Forderungen (Loans and Receivables)     9
        2.3.2 Bis zur Endfälligkeit zu haltende Finanzinstrumente (held-to-maturity assets)     10
        2.3.3 Finanzinstrumente, die erfolgswirksam zum beilzulegenden Zeitwert zu bewerten sind (financial assets at fair value through profit and loss)     12
        2.3.4 Zur Veräußerung verfügbare finanzielle Vermögenswerte (held for sale financial assets)     15
        2.3.5 Umklassifizierung von finanziellen Vermögenswerten     16
        2.3.6 Ausbuchung von finanziellen Vermögenswerten     18
    2.4 Bewertung von finanziellen Vermögenswerten nach IAS 39     21
        2.4.1 Zugangsbewertung     21
        2.4.2 Folgebewertung     24
            2.4.2.1 Fortgeführte Anschaffungskosten     25
            2.4.2.2 Beizulegender Zeitwert (fair value)     26
            2.4.2.3 Wertminderungen nach IAS 39     28
    2.5 Bilanzierung finanzieller Verbindlichkeiten nach IAS 39     29
        2.5.1 Zugangsbewertung     30

| | |
|---|---|
| 2.5.2 Folgebewertung | 31 |
| 2.5.3 Ausbuchung | 31 |
| 2.6 Hybride Finanzinstrumente | 32 |
| 2.7 Bilanzierung von Sicherungsbeziehungen (hedge accounting) | 33 |
| **3. Bilanzierung und Bewertung von Finanzinstrumenten nach IFRS 9** | **36** |
| 3.1 Das IASB Reformprojekt „IAS 39 Replacement" | 36 |
| 3.1.1 Phase 1: Klassifizierung und Bewertung von Finanzinstrumenten | 37 |
| 3.1.2 Phase 2: außerplanmäßige Abschreibungen | 37 |
| 3.1.3 Phase 3: Bilanzierung von Sicherungsgeschäften | 38 |
| 3.2 Anwendungsbereich | 38 |
| 3.3 Ansatz | 39 |
| 3.4 Klassifizierung von finanziellen Vermögenswerten nach IFRS 9 | 39 |
| 3.4.1 Finanzielle Vermögenswerte zu fortgeführten Anschaffungskosten (at amortised costs) | 40 |
| 3.4.2 Finanzielle Vermögenswerte zum beizulegenden Zeitwert mit Wertänderungen im sonstigen Ergebnis (at fair value through other comprehensive income) | 43 |
| 3.4.3 Finanzielle Vermögenswerte zum beizulegenden Zeitwert (at fair value) | 43 |
| 3.4.4 Umklassifizierung von finanziellen Vermögenswerten | 44 |
| 3.4.5 Ausbuchung von finanziellen Vermögenswerten | 45 |
| 3.5 Bewertung von finanziellen Vermögenswerten nach IFRS 9 | 46 |
| 3.5.1 Zugangsbewertung | 46 |
| 3.5.2 Folgebewertung | 47 |
| 3.6 Bilanzierung finanzieller Verbindlichkeiten nach IFRS 9 | 49 |
| 3.7 Hybride Finanzinstrumente | 50 |
| 3.8 Bilanzierung von Sicherungsbeziehungen (hedge accounting) | 50 |
| **4. Beurteilung der Vorschriften des IAS 39** | **52** |
| 4.1 Das Wertminderungskonzept nach IAS 39 | 52 |
| 4.2 Die Klassifizierung nach IAS 39 | 53 |
| 4.3 Die Fair Value Bewertung nach IAS 39 | 55 |

|   |   |   |
|---|---|---|
|   | 4.4 Hedge accounting nach IAS 39 | 56 |
| **5.** | **Vergleichende Betrachtung der Standards IAS 39 und IFRS 9** | **58** |
|   | 5.1. Das Wertminderungskonzept | 58 |
|   | 5.2 Die Klassifizierung von Finanzinstrumenten | 60 |
|   | 5.3 Die fair value Bewertung | 61 |
|   | 5.4 Hedge Accounting | 61 |
| **6.** | **Verbleibende Kritik an den Regelungen zur Bilanzierung von Finanzinstrumenten nach IFRS 9** | **63** |
| **7.** | **Fazit und Ausblick** | **65** |
|   | **Literaturverzeichnis** | **66** |

# ABKÜRZUNGSVERZEICHNIS

| | | |
|---|---|---|
| DRSC | - | Deutsches Rechnungslegungs Standards Committee |
| ED | - | Exposure Draft |
| EFRAG | - | European Financial Reporting Advisory Group |
| EU | - | Europäische Union |
| EU Kommission | - | Europäische Kommission |
| FASB | - | Financial Accounting Standards Board |
| GuV | - | Gewinn- und Verlustrechnung |
| IAS | - | International Accounting Standards |
| IASB | - | International Accounting Standards Board |
| IASC | - | International Accounting Standards Committee |
| IDW | - | Institut der Wirtschaftsprüfer |
| IFRS | - | International Financial Reporting Standards |
| KPMG | - | KPMG AG Wirtschaftsprüfungsgesellschaft |
| LIBOR | - | London Interbank Offered Rate |
| OCI | - | other comprehensive income |

# 1. Einleitung

## 1.1 Motivation

Für eine Vielzahl von Unternehmen, die nach IFRS bilanzieren, stellen sich in der heutigen Zeit diverse Fragen betreffend der Umsetzung der Vorschriften des internationalen Standardsetters, dem Interantional Accounting Standards Board. Die in diesem Zusammenhang hervorzuhebende Problematik betrifft die Bilanzierung von Finanzinstrumenten.

Der Ansatz und die Bewertung dieser Finanzinstrumente werden in den IFRS momentan durch die Standards IAS 32 und IAS 39 geregelt.[1] Doch eben bei der Anwendung dieser Standards kommt es bei den bilanzierenden Unternehmen aufgrund der Komplexität der Vorschriften zu Problemen und einem erhöhten Mehraufwand.

Allerdings ist die Komplexität der momentanen Vorschriften nicht nur den Unternehmen selbst bekannt, sondern auch dem Standardsetter IASB. Bezeichnend hierfür ist die folgende Aussage des ehemaligen Vorsitzenden des IASB, Sir David Tweedie, aus dem Jahr 2007 bezüglich der Komplexität des IAS 32 und IAS 39: „[...] If you understand IAS 32 and IAS 39 you haven´t read the standard carefully enough."[2]

Ein Blick auf die historische Entwicklung des IAS 39 deutet ebenfalls auf die Komplexität der Bilanzierung von Finanzinstrumenten hin. So wurde der Standard von der Vorgängerorganisation des IASB, dem IASC, erst nach einer zehn Jahre andauernden Diskussions- und Entwicklungsphase im Jahre 1998 endgültig verabschiedet.[3]

Eine der grundlegendsten Überarbeitungen des IAS 39 wurde im Jahr 2003 vorgenommen. Selbst nach dieser Neuordnung der Bilanzierung von Finanzinstrumenten nach IFRS kam es zu weiteren Änderungen und Interpretationsansätzen.

Insbesondere der außerordentlich lang andauernde Anerkennungsprozess des Standards durch die EU, die diesen erst im Jahr 2005 ratifizierte, führte bei den anwenden Unternehmen zur einer wachsenden Verunsicherung, da sich durch die Vielzahl von Änderungen häufig neue Fragestellungen ergaben und sich die erwünschte Reduktion der Komplexität der Vorschriften daher nur schrittweise erreichen ließ.[4]

---

[1] Vgl. Grünberger, D. (2008), S. 127.
[2] Vgl. Rubin, H., u.a. (2011), S. 559 ff.
[3] Vgl. Kuhn, S., u.a. (2006), S. 1.
[4] Vgl. Beyer, S. (2008), S. 19 f.

Nach der endgültigen Verabschiedung des IAS 39 durch die EU Kommission kam die Diskussion bezüglich der gültigen Bilanzierungsvorschriften für Finanzinstrumente allerdings nicht zum Erliegen. Besonders bedingt durch die weltweite Krise der Finanzmärkte geriet der IAS 39 abermals in die Kritik. So proklamierten eine Reihe von Wirtschaftswissenschaftlern, Praktikern und vor allem Politikern die These, dass der in den Vorschriften des IAS 39 enthaltene Ansatz der Fair-Value Bewertung von finanziellen Vermögenswerten einen entscheidenden Anteil am Ausbruch und der Ausweitung der Finanzmarktkrise trage.[5]

Dabei wurde vor allem von der Politik Druck gegenüber dem IASB ausgeübt, die bestehenden Regelungen zu überarbeiten. Dieser Umstand wurde zum Anlass genommen, die Ablösung des IAS 39 durch die Entwicklung eines neuen Standards einzuleiten. Dabei gliedert sich die Umstellung auf den neuen Standard IFRS 9 in die drei Phasen Klassifizierung und Bewertung, außerordentliche Abschreibungen und Bilanzierung von Sicherungsgeschäften, wobei die erste Projektphase bereits am 12. November 2009 durch die Veröffentlichung des IFRS 9 durch das IASB abgeschlossen wurde.[6]

Die verpflichtende Anwendung der Vorschriften des IFRS 9 ist für alle nichteuropäischen Unternehmen auf den 01. Januar 2015 terminiert. Ab wann in diesem Zusammenhang auch die Unternehmen in der EU verpflichtet werden die neuen Vorschriften anzuwenden bleibt offen, da das EFRAG beabsichtigt, die Ratifizierung der Vorschriften des IFRS 9 erst dann durchzuführen, wenn das Reformprojekt der Bilanzierung von Finanzinstrumenten vollständig abgeschlossen ist.[7]

## 1.2 Zielsetzung

Doch auch wenn sich das EU Endorsement zu den Vorschriften des IFRS 9 noch verzögert, stellen sich für die bilanzierenden Unternehmen schon diverse Fragestellungen bezüglich der Vor- und Nachteile des neuen Standards. Insbesondere stellt sich die Frage, ob durch die Schaffung des IFRS 9 eine Reduzierung der Komplexität der Vorschriften erreicht wurde.

Dies soll auch das zentrale Thema der vorliegenden Untersuchung sein. Dabei bezieht sich der Begriff Komplexität im Hinblick auf die Vorschriften des IAS 39 sowohl auf

---

[5] Vgl. Pellens, B., u.a. (2011), S.547.
[6] Vgl. Ballwieser, W., u.a. (2010), S. 268 f.
[7] Vgl. Lüdenbach, N., u.a. (2012 I), S. 1613.

den Umfang der Regelungen als auch auf die Schwierigkeiten, die sich in vielen Fällen bei der Bilanzierung von Finanzinstrumenten nach den IFRS ergeben. Hierzu zählen vor allem das Verständnis der Vorschriften, sowie der hohe Arbeitsaufwand, der zum Beispiel bei der regelkonformen Bilanzierung von Sicherungsgeschäften anfällt.

Darüber hinaus sollen die damit verbundenen Mängel des IAS 39, die durch die Finanzmarktkrise offensichtlich wurden, im Rahmen dieser Arbeit dargestellt, analysiert und mit den neuen Regelungen des IFRS 9 verglichen werden, um feststellen zu können, ob die Neureglungen des IFRS 9 die Mängel des IAS 39 in einem ausreichenden Maß kompensieren und welche Konsequenzen sich dabei für die nach den IFRS bilanzierenden Unternehmen ergeben.

### 1.3 Gang der Arbeit

Die vorliegende Arbeit gliedert sich in die vier großen Teilbereiche der Darstellung des IAS 32 / IAS 39 sowie des IFRS 9, der Beurteilung des IAS 39, des Vergleiches der beiden Standards und der Darstellung der verbleibenden Kritik an IFRS 9.

Im ersten Teil der Arbeit, den Darstellungen des IAS 32 / IAS39 und des IFRS 9, werden die Bilanzierungsregelungen der Standards dargestellt. Allerdings ist darauf hinzuweisen, dass sich, vor allen Dingen bezogen auf die Vorschriften zur Bilanzierung von Sicherungsgeschäften (hedge accounting), die Darstellung der Vorschriften in dieser Arbeit auf die Grundzüge der Standards beschränkt.

Der sich an die Darstellung der Standards anschließende Teil umfasst die Beurteilung des bestehenden IAS 39 unter dem Gesichtspunkt der Komplexität. Um diese Beurteilung aufzugliedern, wird diese in der vorliegenden Arbeit anhand der Unterpunkte des Wertminderungsmodells, der Klassifizierung von Finanzinstrumenten, der Fair Value Bewertung und der Bilanzierung von Sicherungsgeschäften vorgenommen.

Im darauf folgenden Teil der Arbeit werden den in Kapitel 4 aufgezeigten Problemfeldern des IAS 39 die Neuregelungen des IFRS 9 entgegengesetzt, um so eine Vergleichbarkeit zwischen den beiden Standards herstellen zu können. Gleichzeitig wird durch dieses Kapitel die Grundlage für das Folgekapitel gelegt, in dem die noch immer bestehenden Problemfelder des neuen IFRS 9 dargestellt und analysiert werden.

Abschließend ist anzumerken, dass sich die Ausführungen in der vorliegenden Arbeit auf die bereits veröffentlichten Vorschriften des IFRS 9 und alle bis zum 31. Juli 2013 vom IASB veröffentlichten Änderungsvorschläge („Exposure Draft") beziehen.

## 2. Bilanzierung und Bewertung von Finanzinstrumenten nach IAS 32 und IAS 39

Bevor in den Folgekapiteln die Vorschriften zur Bilanzierung von Finanzinstrumenten nach IAS 32 und IAS 39 detailliert beschrieben werden, werden in den nächsten beiden Kapiteln der Anwendungsbereich und die Ansatzvorschriften dargestellt.

### 2.1 Anwendungsbereich

Zunächst ist festzustellen, dass die Bilanzierung von Finanzinstrumenten in der internationalen Rechnungslegung durch die Standards IAS 32, IAS 39 und IFRS 7 geregelt wird. Dabei umfasst IAS 32 „Financial Instruments: Presentation" den Umfang der abzubildenden Finanzinstrumente, IAS 39 „Financial Instruments: Recognition and Measurement" die auf diese anzuwenden Bewertungsvorschriften und IFRS 7 „Financial Instruments: Disclosures"[8] die darzulegenden Anhangangaben.[9]

Grundsätzlich wird anhand der Regelungen des IAS 32 ein Finanzinstrument als ein Vertrag begriffen, der zeitgleich bei einem Unternehmen einen finanziellen Vermögenswert bildet und bei dem anderen teilhabenden Unternehmen eine finanzielle Verbindlichkeit beziehungsweise ein Eigenkapitalinstrument darstellt.[10]

In diesem Zusammenhang wird in den Vorschriften des IAS 32 durch die nachfolgenden Beispiele der Anwendungsbereich detailliert. So umfassen nach IAS 32 finanzielle Vermögenswerte:[11]

- liquide Mittel
- an fremden Unternehmen gehaltene Aktien
- vertragliche Rechte, wie zum Beispiel:
    - das Recht, flüssige Mittel oder andere finanzielle Vermögenswerte von einem anderen Unternehmen zu erhalten
    - das Recht, finanzielle Vermögenswerte oder Verbindlichkeiten mit einem anderen Unternehmen zu potenziell vorteilhaften Bedingungen zu tauschen

---

[8] Die durch IFRS 7 geregelten Anhangangaben werden in dieser Arbeit nicht weitergehend erläutert.
[9] Vgl. Buchholz, R. (2012), S. 138.
[10] Vgl. Baetge, J., u.a. (2007), S. 348.
[11] Vgl. Buschhüter, M., u.a. (2009), S. 174 f.

- einen Vertrag, der durch Eigenkapitalinstrumente des Unternehmens erfüllt werden kann, hierunter fallen zum Beispiel Aktien oder GmbH Anteile

Davon abzugrenzen sind die folgenden Beispiele, die finanzielle Verbindlichkeiten im Sinne des IAS 32 darstellen:[12]

- vertragliche Verpflichtungen, wie zum Beispiel:
    - die Verpflichtung, flüssige Mittel oder andere finanzielle Vermögenswerte an ein anderes Unternehmen abzuführen
    - die Verpflichtung, finanzielle Vermögenswerte oder Verbindlichkeiten mit einem anderen Unternehmen zu potenziell nachteiligen Bedingungen zu tauschen
- ein nicht derivatives Finanzinstrument, welches das Unternehmen verpflichtet eine variable Anzahl an Eigenkapitalinstrumenten abzutreten
- sonstige vertragliche Verpflichtungen, die in Eigenkapitalanteilen beglichen werden dürfen

Die nach IAS 32 zum Anwendungsbereich gehörenden Eigenkapitalinstrumente werden als Vertrag definiert, durch den ein Residualanspruch an den Vermögenswerten, abzüglich der Schulden, gegenüber dem Unternehmen begründet wird.[13]

Bei der Feststellung der einzubeziehenden Finanzinstrumente sind neben den bereits beschriebenen finanziellen Vermögenswerten, finanziellen Verbindlichkeiten und Eigenkapitalinstrumenten auch alle Derivate zu berücksichtigen, die sich durch folgende Eigenschaften definieren lassen:[14]

- die Entwicklung des entsprechenden Wertes richtet sich nach der Wertentwicklung eines Basiswertes (zum Beispiel Aktienindizes, Währungskurse oder Rohstoffpreise)
- die zu zahlenden Kosten der Anschaffung sind gering
- die Rückzahlung erfolgt zu einem späteren Zeitpunkt

---

[12] Vgl. Federmann, R. (2006), S. 375.
[13] Vgl. Kühnberger, M. (2007), S. 255.
[14] Vgl. Zülch, H., u.a. (2009), S. 401.

Um den Anwendungskreis darüber hinausgehend zu präzisieren werden die folgenden Kategorien, auf die die Regelungen des IAS 39 nicht zutreffen, sondern die durch andere Standards geregelt werden, explizit benannt. Dazu zählen beispielsweise Anteile an Tochterunternehmen, Gemeinschaftsunternehmen oder assoziierten Unternehmen, aus Altersvorsorgeplänen resultierende Rechte und Verpflichtungen, aus Versicherungsverträgen resultierende Rechte und Verpflichtungen (außer die darin enthaltenen Derivate) oder aus aktienbasierten Vergütungen resultierende Rechte und Verpflichtungen.[15]

## 2.2 Ansatz

Nachdem die nach IAS 32 relevanten Finanzinstrumente voneinander abgegrenzt wurden, werden nun die Vorschriften des IAS 39 bezüglich des erstmaligen bilanziellen Ansatzes von finanziellen Vermögenswerten, finanziellen Verbindlichkeiten, Eigenkapitalinstrumenten und Derivaten dargestellt.

Danach hat der erstmalige Ansatz von Finanzinstrumenten dann zu erfolgen, wenn das bilanzierende Unternehmen Vertragspartei an einem über ein Finanzinstrument abgeschlossenen Vertrag wird.

Der Ansatzzeitpunkt kann somit einerseits der Handelstag sein, an dem ein Kaufvertrag über ein Finanzinstrument abgeschlossen wurde, oder der Erfüllungstag, an dem solche finanziellen Vermögenswerte, die einen zeitlichen Unterschied zwischen dem Verpflichtungsgeschäft und dem Erfüllungsgeschäft aufweisen, geliefert werden, wobei IAS 39 die anwendenden Unternehmen verpflichtet, den gewählten Ansatz in den einzelnen Kategorien konstant anzuwenden.[16]

Der Umfang dieser Vorschrift erstreckt sich auch auf Derivate, wodurch die Unternehmen dazu verpflichtet sind, alle in Verbindung mit derivativen Finanzinstrumenten stehenden Rechte und Verpflichtungen in Form von Vermögenswerten und Verbindlichkeiten in ihrer Bilanz abzubilden. Dabei ist zu beachten, dass Derivate ausgenommen sind, die, wie beispielsweise Rückkaufoptionen, im Rahmen eines Wertpapierpensionsgeschäftes die Ausbuchung von übertragenen Vermögenswerten verhindern, da dies

---

[15] Vgl. Kirsch, H. (2007), S. 118.
[16] Vgl. Nguyen, T. (2008), S. 470 ff.

andernfalls eine Doppelerfassung des gleichen Sachverhaltes in der Bilanzdarstellung des Übertagenden zur Folge haben würde.[17]

## 2.3 Klassifizierung von finanziellen Vermögenswerten nach IAS 39

Da sich, wie in den vorangegangenen Kapiteln beschrieben, das Spektrum der durch den IAS 39 zu bilanzierenden Finanzinstrumente als sehr breit darstellt, ist es von besonderer Bedeutung, die im Standard enthaltenen Vorschriften zur Klassifizierung der einzelnen Finanzinstrumente zu beachten.

Diese Bedeutungskraft ist vor allem dadurch bedingt, dass die endgültige Zuordnung eines Finanzinstrumentes zu einer Klassifizierungsgruppe auch die in der Folge anzuwendende Bewertungsmethode und die darzustellenden Angaben regelt.[18] Dieses Modell der individuellen Bewertungsvorschriften für die einzubeziehenden Finanzinstrumente der einzelnen Kategorien, wird in der internationalen Rechnungslegung als „mixed measurement Model" bezeichnet.[19]

Die zur Verfügung stehenden Kategorien zur Klassifizierung von Finanzinstrumenten werden in den Vorschriften des IAS 39 in die folgenden vier Bereiche unterteilt:[20]

- nicht börsennotierte Kredite und Forderungen (loans and receivables)
- bis zur Endfälligkeit zu haltende Finanzinstrumente (held-to-maturity assets)
- Finanzinstrumente, die erfolgswirksam zum beizulegenden Zeitwert zu bewerten sind (financial assets at fair value through profit and loss)
- zur Veräußerung verfügbare finanzielle Vermögenswerte (available-for-sale-assets), die keiner der vorangegangen Kategorien zugeordnet werden können

Finanzinstrumente, die als sonstige Verbindlichkeiten gelten und somit keiner der in IAS 39 aufgeführten Kategorien zuzuordnen sind, können als zusätzliche fünfte Kategorie von Finanzinstrumenten kategorisiert werden, obwohl diese Kategorie in den Vorschriften des IAS 39 nicht explizit genannt wird.[21]

Die Betrachtung der Einzelnen Kategorien des IAS 39 folgt in den nächsten Kapiteln.

---

[17] Vgl. Ballwieser, W., u.a. (2010), S. 247.
[18] Vgl. Beyer, S. (2008), S. 48.
[19] Vgl. Schmitz. F., u.a. (2012), S. 66.
[20] Vgl. Lüdenbach, N., u.a. (2010 I), S. 157.
[21] Vgl. Pellens, B., u.a. (2011), S. 565.

## 2.3.1 Nicht börsennotierte Kredite und Forderungen (Loans and Receivables)

In der Kategorie der Kredite und Forderungen werden sämtliche von dem betreffenden Unternehmen selbst ausgegebenen und erworbenen Forderungen beziehungsweise Anleihen, wie zum Beispiel Konsortialkredite, Schuldverschreibungen oder Wertpapiere, zusammengefasst, die nicht börsennotiert sind und zusätzlich über eine feste oder nicht bestimmbare Laufzeit verfügen.[22]

Davon abzugrenzen sind die folgenden Ausprägungen von Krediten und Forderungen, die nicht dieser Kategorie zugeordnet werden dürfen:[23]

- Kredite und Forderungen, die das Unternehmen beabsichtigt sofort oder kurzfristig zu verkaufen und in der Folge als zu Handelszwecken gehalten einzustufen sind (Handelsbestand), sowie solche, die als erfolgswirksam zum beizulegenden Marktwert bewertet designiert werden
- Kredite und Forderungen, die nach erstmaligem Ansatz als zur Veräußerung verfügbar klassifiziert werden
- Kredite und Forderungen, für die der Investor seine ursprüngliche Investition infolge sonstiger Gründe, außer eines Bonitätsverlustes, nicht mehr nahezu vollständig wiedererlangen wird und die in Folge dessen als zur Veräußerung gehalten kategorisiert wird

Es zeigt sich, dass die Laufzeit und die Feststellung, ob für den jeweiligen Vermögenswert ein aktiver Markt besteht, die beiden ausschlaggebenden Faktoren zur Zuteilung eines Finanzinstrumentes in die dargestellte Kategorie sind.

Da der Standard ausdrücklich Kredite beziehungsweise Forderungen aus Lieferungen und Leistungen, sowie Investitionen in Schuldinstrumente und Bankeinlagen als Beispiele für Finanzinstrumente dieser Kategorie benennt, wird deutlich, dass damit die Kredite und Forderungen sowohl von Banken als auch von nicht Banken in den Gültigkeitsbereich des IAS 39 fallen.[24]

---

[22] Vgl. Baetge, J., u.a. (2007), S. 350.
[23] Vgl. Kalk, U. Diss., S. 77.
[24] Vgl. Padberg, T., (2008), S. 77.

## 2.3.2 Bis zur Endfälligkeit zu haltende Finanzinstrumente (held-to-maturity assets)

Nicht derivative Finanzinstrumente, die nach IAS 39 der Kategorie bis zur Endfälligkeit zu halten (held-to-maturity assets) zuzuordnen sind, weisen eine festgelegte Laufzeit und bestimmbare Zahlungen auf. Zusätzlich wird bei der Bildung dieser Kategorie unterstellt, dass die in dieser Kategorie zusammengefassten Finanzinstrumente von dem entsprechenden Unternehmen mit einer Halteabsicht bis zur Endfälligkeit versehen sind.[25]

Ein weiteres Abgrenzungsmerkmal zur Bestimmung der einzubeziehenden Vermögenswerte besteht darin, dass bis zur Endfälligkeit zu haltende finanzielle Vermögensgegenstände nicht die Anforderungen der Kategorien der nicht börsennotierten Kredite und Forderungen, der Finanzinstrumente die erfolgswirksam zum beizulegenden Zeitwert zu bewerten sind und der zur Veräußerung verfügbaren Vermögenswerte erfüllen.[26] Insbesondere die Abgrenzung zu nicht börsennotierten Krediten und Forderungen kann klar vorgenommen werden, weil Finanzinstrumente, die als bis zur Endfälligkeit zu halten deklassiert werden, an einem aktiven Markt gehandelt werden müssen, da sie anderenfalls der Kategorie Kredite und Forderungen zuzuordnen sind.[27]

Ein Beispiel für ein Finanzinstrument, welches nicht der vorliegenden Kategorie zuzuordnen ist, ist ein Eigenkapitalinstrument, da sich bei diesem die Laufzeit nicht genau determinieren lässt und sich die daraus entspringenden Zahlungen an das bilanzierende Unternehmen, bedingt durch Schwankungen der Zahlungsbeträge, nicht verlässlich bestimmen lassen.[28]

Um die zu Beginn angesprochene Absicht, den finanziellen Vermögensgegenstand bis zur Endfälligkeit halten zu wollen, genau bestimmen zu können, sind im zu Grunde liegenden Standard IAS 39 die folgenden beispielhaften Fälle benannt, bei denen die Halteabsicht bis zur Endfälligkeit nicht mehr unterstellt werden kann:[29]

- die Zeit, in der der finanzielle Vermögenswert durch das Unternehmen gehalten werden soll, wird nicht definiert und ist dadurch unbestimmbar

---

[25] Vgl. Grabo, T. (2009), S. 55.
[26] Vgl. Friedhoff, M., u.a. (2013), S. 154.
[27] Vgl. Beyer, S. (2008), S. 62.
[28] Vgl. Schmitz, F., u.a. (2012), S. 61.
[29] Vgl. Schwarz, C. (2006), S. 130.

- es besteht die Bereitschaft seitens des Unternehmens, das entsprechende Finanzinstrument aufgrund von wertbeeinflussenden Ereignissen, wie zum Beispiel Marktzinsänderungen oder auftretenden Marktrisiken, zu verkaufen
- dem Schuldner wird das Recht eingeräumt, den fälligen Betrag zu einem beliebigen Datum und in der Höhe der Zahlung, unterhalb der fortgeführten Anschaffungskosten, zurückzuzahlen

Einem solchen Wegfall der Halteabsicht entsprechend, sind die Konsequenzen zu beachten, die sich aus einer nicht Einhaltung dieser Anforderungen ergeben, da der IAS 39 eine Sanktionierungsvorschrift, die so genannte „tainting rule", vorsieht.[30] Diese kommt zur Anwendung, wenn das bilanzierende Unternehmen im bestehenden Geschäftsjahr beziehungsweise in den beiden dem aktuellen Geschäftsjahr vorausgegangenen Geschäftsjahren, einen nicht als unwesentlich zu betrachtenden Anteil seiner ursprünglich mit einer Halteabsicht bilanzierten Finanzinstrumente, vor dem determinierten Endtermin verkauft, umgruppiert oder die Fähigkeit verloren hat, den entsprechenden finanziellen Vermögenswert bis zur Endfälligkeit zu halten.[31]

Tritt nach der Feststellung eines solchen Sachverhaltes die „tainting rule" in Kraft, ist das betreffende Unternehmen dazu verpflichtet, den entsprechenden Vermögenswert in die Kategorie der zur Veräußerung zur Verfügung stehenden Vermögenswerte umzugruppieren und im laufenden sowie den beiden darauf folgenden Geschäftsjahren keine finanziellen Vermögenswerte als bis zur Endfälligkeit zu halten zu deklarieren.[32] Dies wirkt sich auch auf die sonstigen in dieser Kategorie zusammengefassten Finanzinstrumente aus, da diese ebenfalls für den angegebenen Zeitraum in die Kategorie zur Veräußerung zur Verfügung stehend umzugliedern sind.[33]

Allerdings sieht IAS 39 auch die folgenden Ausnahmeregelungen vor, unter denen ein vor dem Endfälligkeitstermin stattfindender Verkauf von finanziellen Vermögensgegenständen, die als bis zur Endfälligkeit zu halten kategorisiert sind, nicht durch die „tainting rule" sanktioniert wird:[34]

---

[30] Vgl. Ballwieser, W., u.a. (2010), S. 261.
[31] Vgl. Bieg, H., u.a. (2012), S. 524.
[32] Vgl. Canaris, C.W., u.a. (2011), S. 638.
[33] Vgl. Molzahn, S. (2008), S. 31.
[34] Vgl. Ballwieser, W., u.a. (2010), S. 261.

- der Verkauf beziehungsweise die Umklassifizierung liegt weniger als drei Monate vom Endfälligkeitstermin entfernt, sodass keine wesentlichen Auswirkungen von Marktzinsänderungen auf den beizulegenden Zeitwert des Finanzinstrumentes festzustellen sind
- der Verkauf beziehungsweise die Umklassifizierung wurde vollzogen, nachdem das bilanzierende Unternehmen den betreffenden Kapitalbetrag des Finanzinstrumentes im Form von plangemäßen Zahlungen oder Sonderzahlungen erhalten hat
- der Verkauf beziehungsweise die Umklassifizierung erfolgt aufgrund eines nicht durch das bilanzierende Unternehmen zu beeinflussenden Sachverhaltes, wie zum Beispiel einer wesentlichen Verschlechterung der Bonität des Emittenten oder einer Änderung von gesetzlichen Bestimmungen

Wobei das Zustandekommen eines nicht durch das Unternehmen beeinflussbaren Sachverhaltes beispielsweise nicht vorliegt, wenn Verkäufe oder Umgliederungen die Folge personeller Änderungen in der Geschäftsleitung sind, da diese durch das Unternehmen beherrschbar sind.[35]

### 2.3.3 Finanzinstrumente, die erfolgswirksam zum beilzulegenden Zeitwert zu bewerten sind (financial assets at fair value through profit and loss)

Grundsätzlich ist bei der Betrachtung der Kategorie der erfolgswirksam zum beizulegenden Zeitwert zu bewertenden Finanzinstrumente festzustellen, dass mehrere Arten von Finanzinstrumenten dieser Kategorie zugeordnet werden können. Allerdings lassen sich diese unterschiedlichen finanziellen Vermögenswerte in die beiden Subkategorien der zum Handelszweck gehaltenen (held for trading) finanziellen Vermögenswerte und der finanziellen Vermögenswerte, die aufgrund der Ausübung des Wahlrechtes zum beizulegenden Zeitwert (Fair Value Option) einzubeziehen sind, zusammenfassen.[36]

So ist ein finanzieller Vermögenswert der Subkategorie der als zum Handelszweck gehaltenden Finanzinstrumente (held for trading) zuzuordnen, wenn dieser einer der sich anschließenden Kategorien von Finanzinstrumenten zuzuordnen ist.

---
[35] Vgl. Canaris, C.W., u.a. (2011), S. 638.
[36] Vgl. Schmitz, F., u.a. (2012), S. 63.

Die erste Kategorisierungsgruppe, unter der ein finanzieller Vermögenswert als zum Handelszweck gehalten deklariert werden muss, besteht aus Finanzinstrumenten, die das bilanzierende Unternehmen mit der Absicht erworben hat, innerhalb eines kurzen Zeitraumes zu verkaufen oder wieder zurückzukaufen, um potentielle kurzfristige Gewinnmitnahmen zu realisieren.[37]

Ergänzend zur ersten Bedingung einer vorgeschriebenen Zuordnung der zu Handelszwecken gehaltenen finanziellen Vermögenswerte, sind auch solche Finanzinstrumente zu berücksichtigen, die nicht direkt dem Zwecke der kurzfristigen Gewinnmitnahme zuzurechnen sind, sondern aufgrund ihrer Zugehörigkeit zu einem Portfolio, welches zu eben diesem Zweck vom bilanzierenden Unternehmen gehalten wird, in diese Subkategorie einzustellen sind.[38]

Bei dieser Zuordnungsvoraussetzung wird besonders deutlich, dass nicht in jedem Fall individuelle Merkmale eines finanziellen Vermögenswertes für die Kategorisierung entscheidend sind, sondern auch dessen Zugehörigkeit zu einem Portfolio zu berücksichtigen ist, da, wie in diesem Fall, der übergeordnete Zweck kurzfristiger Gewinnmitnahmen durch das gesamte Portfolio ausschlaggebend für die Kategorisierung ist.

Die Dritte Gruppe der dem Handelszweck des Unternehmens zuzuschreibenden finanziellen Vermögenswerte sind Derivate, bei deren Zuordnung die Absicht einer kurzfristigen Veräußerung nicht berücksichtigt werden muss und solche Derivate, die, wie zum Beispiel ein Wandlungsrecht einer Wandelanleihe, einem Rahmenvertrag zugeordnet werden können, wogegen eingebettete Derivate und Derivate, die als Sicherungsgeschäft zu bilanzieren sind, nicht als zum Handelszweck gehalten deklariert werden dürfen.[39]

Wie zu Beginn des Kapitels beschrieben, besteht die zweite Subkategorie der als erfolgswirksam zum beilzulegenden Zeitwert zu bewertenden finanziellen Vermögensgegenstände aus solchen Finanzinstrumenten, die aufgrund der Ausnutzung des Wahlrechts zum beizulegenden Zeitwert zu bewertenden sind (Fair Value Option).

Das entsprechende Wahlrecht auf die Bewertung zum beizulegenden Zeitwert kann für solche finanziellen Vermögenswerten wahrgenommen werden, bei denen eine Bewertung zum Zeitwert den Informationsgehalt für den Abschlussadressaten steigert und die

---
[37] Vgl. Lüdenbach, N., u.a. (2010 I), S. 359.
[38] Vgl. Friedhoff, M., u.a. (2013), S. 151.
[39] Vgl. Grünberger, D. (2008), S. 132.

Komplexität signifikant verringert oder auch solche Finanzinstrumente, die mindestens ein eingebettetes Derivat enthalten.[40]

Um den Kreis der einzubeziehenden finanziellen Vermögenswerte zu präzisieren, können die folgenden drei Kategorien von Finanzinstrumenten nach den Vorschriften des IAS 39 in die Subkategorie der zum beizulegenden Zeitwert zu bilanzierenden finanziellen Vermögenswerte eingeordnet werden:[41]

- hybride Finanzinstrumente, deren eingebettetes Derivat die entsprechende Zahlungsreise entscheidend beeinflusst und aufgrund der Bestimmungen des IAS 39 aufzuspalten wäre
- finanzielle Vermögenswerte, bei denen eine Bilanzierung zum beizulegenden Zeitwert einer bewertungsbedingten Verzerrung vorbeugt
- Finanzinstrumente, die aufgrund ihrer Zugehörigkeit zu einem Portfolio vergleichbarer Finanzinstrumente auf der Grundlage des beizulegenden Zeitwertes bilanziert werden

Aus dem Kreis der zu berücksichtigen finanziellen Vermögenswerte sind solche auszunehmen, für die kein genauer Marktpreis festzustellen ist und für die auch nach anderen Methoden eine Bestimmung des beizulegenden Zeitwertes nicht zuverlässig durchgeführt werden kann, da diese in Folge dessen, zu den entsprechenden Anschaffungskosten abzubilden sind.[42]

Darüber hinaus stellt die beschriebene Fair Value Option eine Gelegenheit dar, die sich aufgrund des in den Vorschriften des IAS 39 verankerten Mixed-Modell-Ansatzes stellenweise auftretenden Rechnungslegungsanomalien (accounting mismatch) zu begegnen, die allerdings auch durch die Möglichkeiten des hedge accountings beseitigt werden können, was wiederrum aufgrund der für das hedge accounting bestehenden Vorschriften eine komplexere Methodik darstellen würde.[43]

---

[40] Vgl. Baetge, J., u.a. (2007), S. 349.
[41] Vgl. Pellens, B., u.a. (2011), S. 569 f.
[42] Vgl. Kirsch, H. (2007), S. 125.
[43] Vgl. Beyer, S. (2008), S. 53.

## 2.3.4 Zur Veräußerung verfügbare finanzielle Vermögenswerte (available-for-sale-assets)

Die in der vierten Bewertungskategorie des IAS 39 als zur Veräußerung verfügbar darzustellenden Finanzinstrumente zeichnen sich im besonderen Maße dadurch aus, dass sie nicht in die Kategorie der nicht börsennotierten Kredite und Forderungen (Loans and Receivables), der bis zur Endfälligkeit zu haltenden Finanzinstrumente (held-to-maturity assets) und auch nicht in die Kategorie der Finanzinstrumente, die erfolgswirksam zum beilzulegenden Zeitwert zu bewerten sind (financial assets at fair value through profit and loss) einzuordnen sind und somit als Residualgröße verstanden werden können.[44]

Darüber hinaus ist festzustellen, dass finanzielle Vermögenswerte, die der Kategorie zur Veräußerung verfügbar zuzuordnen sind, nicht dauerhaft im Unternehmen verbleiben sollen, wobei gleichzeitig keine kurzfristige Weiterveräußerung des jeweiligen finanziellen Vermögenswertes angestrebt werden darf.[45]

Allerdings wird nach IAS 39 dem bilanzierenden Unternehmen das Wahlrecht eingeräumt, Finanzinstrumente, wie beispielsweise Ausleihungen, Forderungen oder eine Finanzinvestition, die bis zu ihrer Endfälligkeit gehalten werden soll, als zur Veräußerung verfügbar einzuordnen, wenn dies dem Wunsch des Unternehmens entspricht. Davon ausdrücklich ausgenommen sind wiederum finanzielle Vermögenswerte, die dem Handelsbestand des bilanzierenden Unternehmens zugehörig sind.[46] Allerdings steht dieses Wahlrecht des IAS 39 den bilanzierenden Unternehmen nur zum Zeitpunkt des erstmaligen Ansatzes zu Verfügung.[47]

---

[44] Vgl. Eller, R., u.a. (2010), S. 213.
[45] Vgl. Kirsch, H. (2007), S. 124.
[46] Vgl. Pellens, B., u.a. (2011), S. 570.
[47] Vgl. Friedhoff, M., u.a. (2013), S. 155.

## 2.3.5 Umklassifizierung von finanziellen Vermögenswerten

Unter der Umklassifizierung von finanziellen Vermögenswerten wird der Wechsel der Klassifizierung eines Vermögenswertes verstanden. Unternehmen ist daran gelegen, in speziellen Fällen eine solche Umklassifizierung vorzunehmen, um zum Beispiel stille Reserven aufzudecken oder eine Abwertung des Fair Values zu verhindern (cherry picking).[48]

Um in diesem Zusammenhang nicht kontrollierbare Spielräume für aktive Bilanzpolitik oder Manipulationen einzuschränken, gibt IAS 39 die im folgenden dargestellten Regelungen zur Umklassifizierung eines finanziellen Vermögenswertes aus einer Kategorie in eine andere vor.

Die in IAS 39 festgelegten Bestimmungen sehen für jede der vier Bewertungskategorien spezielle Umklassifizierungsgebote beziehungsweise auch Umklassifizierungsverbote vor. So sind zum Beispiel die bilanzierenden Unternehmen dazu gezwungen, finanzielle Vermögenswerte, die bis zur Endfälligkeit gehalten werden sollen, in die Kategorie der der zur Veräußerung verfügbaren Vermögenswerte zu reklassifizieren, falls die notwendige Halteabsicht nicht mehr gegeben ist oder durch die Veräußerung eines Vermögenswertes der Kategorie eine Sperrwirkung (tainting[49]) für die in dieser Kategorie zusammengefassten Vermögenswerte in Kraft tritt.[50]

Gleichzeitig erlauben die Vorschriften allerdings auch, dass finanzielle Vermögenswerte anderer Kategorien in die Kategorie der bis zur Endfälligkeit zu haltenden Vermögenswerte umklassifiziert werden dürfen, wenn zum Beispiel die eben genannte mögliche Sperrwirkung entfällt und die Vermögenswerte, die ursprünglich als bis zur Endfälligkeit zu halten deklariert wurden, in eben diese Kategorie reklassifiziert werden können.[51]

Darüber hinaus gilt für Derivate und finanzielle Vermögenswerte, bei denen die Fair Value Option ausgeübt wurde, ein Verbot für Umklassifizierungen aus der Kategorie der erfolgswirksam zum beizulegenden Zeitwert bewerteten Vermögenswerte, wogegen eine Umklassifizierung aus dieser Kategorie für nicht derivative und in der Unterkate-

---

[48] Vgl. Grünberger, D. (2008), S. 146.
[49] Vgl. Kapitel 2.3.2., S. 8 ff.
[50] Vgl. Lüdenbach, N., u.a. (2012 I), S. 1677.
[51] Vgl. Friedhoff, M., u.a. (2013), S. 157.

gorie zum Handelszweck gehaltene finanzielle Vermögenswerte auf die die Fair Value Option nicht angewendet worden ist, zulässig ist.[52]

Als Beispiele sind in diesem Zusammenhang finanzielle Vermögenswerte zu nennen, die aus nicht selbst ausgegebenen Krediten und Forderungen bestehen und aufgrund besonderer Anlässe, wie zum Beispiel der andauernden weltweiten Finanzkrise, umgegliedert werden dürfen. Ebenso dürfen selbst ausgegebene Kredite und Forderungen, die zu Handelszwecken gehalten wurden und auf die die Fair Value Option keine Anwendung fand oder die als zur Veräußerung verfügbar kategorisiert wurden, in die Kategorie der nicht börsennotierten Kredite und Forderungen umgegliedert werden, wenn das bilanzierende Unternehmen die Absicht nachweisen kann, den entsprechenden finanziellen Vermögenswert bis zur Endfälligkeit beziehungsweise für einen absehbaren Zeitraum halten zu wollen.[53]

Im besonderen Maße zu berücksichtigen ist allerdings, dass die Vorschriften des IAS 39 eine Umklassifizierung von finanziellen Vermögenswerten aus der Kategorie der nicht börsennotierten Kredite und Forderungen nicht erlauben.[54]

Neben den bereits dargestellten zulässigen Möglichkeiten, finanzielle Vermögenswerte in die beziehungsweise aus der Kategorie zur Veräußerung verfügbar umzugliedern, sind darüber hinaus auch Eigenkapitalinstrumente, die nicht auf einem aktiven Markt gehandelt werden, in die Kategorie umzugliedern, wenn der beizulegende Zeitwert des entsprechenden Eigenkapitalinstruments verlässlich zu ermitteln ist. Eine entgegengesetzte Ausgliederung aus der Kategorie zur Veräußerung verfügbar ist durchzuführen, wenn der beizulegende Zeitwert eines Eigenkapitalinstrumentes, welches nicht auf einem aktiven Markt gehandelt wird, nicht genau bestimmt werden kann.[55]

---

[52] Vgl. Stauber, J. (2012), S. 180.
[53] Vgl. Ballwieser, W., u.a. (2010), S. 495.
[54] Vgl. Friedhoff, M., u.a. (2013), S. 158.
[55] Vgl. Buschhüter, M., u.a. (2011), S. 1093.

### 2.3.6 Ausbuchung von finanziellen Vermögenswerten

Neben Vorschriften zum Ansatz und der Klassifizierung finanzieller Vermögenswerte, enthält IAS 39 auch Regelungen bezüglich der Ausbuchung. Eine solche Ausbuchung hat nach IAS 39 auf Konzernebene, sprich nach abgeschlossener Konsolidierung von Tochter- und Zweckgesellschaften, zu erfolgen.[56] Des Weiteren hat das bilanzierende Unternehmen zu klären, ob die Ausbuchung die Gesamtheit eines finanziellen Vermögenswertes betrifft oder nur einen Teil, wobei in IAS 39 speziell zur Beantwortung dieser Fragestellung die folgenden drei Bedingungen genannt werden, unter denen nur ein Teil des Vermögenswertes ausgebucht werden darf:[57]

- der spezifische Teil besteht aus speziell abgegrenzten Cashflows, wie z.B. dem Recht des Käufers, die Zinszahlungen beanspruchen zu dürfen, allerdings ohne ein zeitgleiches Recht auf Tilgungszahlungen
- der spezifische Teil besteht aus einem bestimmten proportionalen Teil an den Cashflows eines Finanzinstrumentes
- der spezifische Teil besteht aus einem bestimmten proportionalen Teil an den speziell abgegrenzten Cashflows eines Finanzinstrumentes

Im Umkehrschluss ist festzustellen, dass in einer Situation, in der keine der eben genannten Bedingungen zutrifft, die Ausbuchung auf den gesamten finanziellen Vermögenswert zu beziehen ist. Somit richtet sich IAS 39 grundsätzlich mit diesen Regelungen nach dem „component approach", wonach dem bilanzierenden Unternehmen bei der Ausbuchung eines finanziellen Vermögenswertes die Möglichkeit eingeräumt wird, den entsprechenden Vermögenswert sowohl im Ganzen, als auch in begrenzten Teilen auszubuchen.[58]

Daran anschließend sind die genauen Gründe zu klären, unter denen ein Unternehmen berechtigt ist, eine Ausbuchung von finanziellen Vermögenswerten vorzunehmen.

---

[56] Vgl. Beyer, S. (2008), S. 76.
[57] Vgl. Funk, W., u.a. (2008), S. 90.
[58] Vgl. Molzahn, S. (2008), S. 51.

Hierzu gibt IAS 39 folgende Tatbestände vor, bei denen eine Ausbuchung vorzunehmen ist:[59]

- die vertraglichen Rechte, durch die das Unternehmen einen Anspruch auf die Zahlungsströme aus dem finanziellen Vermögensgegenstand hat, laufen aus oder erlöschen
- der entsprechende finanzielle Vermögensgegenstand wird übertragen

Kommt es aufgrund dieser Bestimmungen zu einer vollständigen Ausbuchung eines finanziellen Vermögenswertes, ist die Differenz zwischen dem Buchwert und dem Erlös der Veräußerung erfolgswirksam zu verbuchen, wobei zu beachten ist, dass bei einer Ausbuchung von finanziellen Vermögenswerten, die der Kategorie zur Veräußerung verfügbar zugeordnet sind, die in der Neubewertungsrücklage zusammengefassten Gewinne und Verluste ebenfalls erfolgswirksam zu berücksichtigen sind.[60]

Das Auslaufen oder Erlöschen eines vertraglichen Rechtes auf Cashflows aus einem finanziellen Vermögenswert kann zum Beispiel das Begleichen einer Forderung darstellen. Diesen Vermögenswert im Anschluss auszubuchen stellt sich als unproblematisch dar.[61]

Im Gegensatz dazu hat ein nach IAS 39 bilanzierendes Unternehmen im Falle einer Übertragung eines finanziellen Vermögensgegenstandes zuerst zu klären, ob das Unternehmen durch die Übertragung des finanziellen Vermögensgegenstandes auch die damit in Verbindung stehenden Cashflows transferiert oder ob es ein so genanntes „Pass-through-Agreement" trifft, durch das es das Recht auf die entsprechenden Cashflows behält, diese aber als durchlaufenden Posten betrachtet, da die entsprechenden Beträge sofort an Dritte weitergeleitet werden. Eine Ausbuchung ist in beiden Fällen durchzuführen.[62] Allerdings müssen, damit ein solches „pass-through-agreement" zu Stande kommen kann, die folgenden Faktoren kumulativ erfüllt sein:[63]

- eine Zahlung an den Dritten ist erst durchzuführen, wenn das übertragende Unternehmen die abzuführenden Beträge aus dem ursprünglichen Vermögenswert

---

[59] Vgl. Stauber, J. (2012), S. 264 f.
[60] Vgl. Käufer, A. (2009), S. 234.
[61] Vgl. Lüdenbach, N. u.a. (2012 I), S. 1617 f.
[62] Vgl. Zülch, H., u.a. (2009), S. 406.
[63] Vgl. Ballwieser, W., u.a. (2010), S. 250.

erhalten hat. Zu vernachlässigen sind dabei kurzfristige Vorauszahlungen, die dem Unternehmen zu einer marktüblichen Verzinsung zurückfließen
- es ist dem Unternehmen durch die Vereinbarung zur Übertragung untersagt, finanzielle Vermögenswerte, die nicht der Sicherung der Zahlung dienen, zu veräußern oder zu verpfänden
- eingehende Cashflows sind sofort an den Empfänger weiterzuleiten (without material delay). Einzig die Investitionen der entsprechenden Beträge zwischen deren Eingang und Weiterleitung sind zulässig

Überträgt ein Unternehmen somit einen finanziellen Vermögensgegenstand ist im Weiteren zu klären, welche Vertragspartei nach der erfolgten Veräußerung die Chancen und Risiken hält.[64] Um diesen Sachverhalt zu klären, muss die Risikoposition des bilanzierenden Unternehmens vor und nach der Übertragung analysiert werden.

Im Rahmen dieser Szenarioanalyse unterscheidet IAS 39 drei verschiedene Szenarien.

Im ersten Szenario hat das Unternehmen alle wesentlichen Chancen und Risiken durch den Verkauf übertragen und kann somit den finanziellen Vermögenswert ausbuchen und muss alle Rechte und Pflichten, die durch die Übertragung entstanden sind, als Vermögenswert beziehungsweise als Schuld darstellen.[65]

Das zweite Szenario bildet eine Situation, in der das bilanzierende Unternehmen im wesentlichen alle Chancen und Risiken, die mit dem finanziellen Vermögenswert verknüpft sind, behält und diesen daher weiterhin in der Bilanz aufzuführen hat, wobei die im Zuge der Übertragung erhaltenen Leistungen bilanziell als Verbindlichkeiten abzubilden sind, da diese in dieser Situation einer Kreditaufnahme gleichkommen.[66]

Szenario drei spiegelt die Situation wider, in der die wesentlichen Chancen und Risiken des finanziellen Vermögenswertes weder beim bilanzierenden Unternehmen verbleiben, noch vollumfänglich übertragen werden. Allerdings ist in diesem Fall die Frage nach einer Ausbuchung oder einer Folgebilanzierung durch die Feststellung der Verfügungsmacht zu klären.[67] Liegt die Verfügungsmacht über den finanziellen Vermögenswert nicht mehr beim bilanzierenden Unternehmen, so kann der Vermögenswert ausgebucht werden. Liegt die Verfügungsmacht allerdings weiterhin beim bilanzierenden

---

[64] Vgl. Althoff, F. (2012), S. 177.
[65] Vgl. Lüdenbach, N., u.a. (2010 I), S. 369.
[66] Vgl. Friedhoff, M., u.a. (2013), S. 141.
[67] Vgl. Buschhütter, M., u.a. (2011), S. 1069.

Unternehmen, muss dieses den finanziellen Vermögenswert auch zukünftig in dem Maße, in dem es von dem Vermögenswert profitiert, folgebilanzieren.[68] Kommt es nach der vollständigen Klärung des Sachverhaltes zu einer Ausbuchung des finanziellen Vermögenswertes, wird der erzielte Veräußerungsgewinn vom bilanzierenden Unternehmen erfolgswirksam erfasst. Kommt es dagegen dazu, dass der finanzielle Vermögenswert nur teilweise übertragen wird, ist der Buchwert so aufzuteilen, dass der beizulegende Zeitwert dem erzielten Veräußerungspreis für den Vermögenswert gegenüberzustellen ist.[69]

## 2.4 Bewertung von finanziellen Vermögenswerten nach IAS 39

Nachdem in den vorangegangenen Kapiteln der Anwendungsbereich, die Ansatzvorschriften und die Klassifizierung von finanziellen Vermögenswerten nach IAS 32 und IAS 39 dargestellt wurden, wird in den folgenden Kapiteln die Zugangs- und Folgebewertung finanzieller Vermögenswerte nach IAS 39 dargestellt.

### 2.4.1 Zugangsbewertung

Nach den Vorschriften des IAS 39 hat die Bewertung von finanziellen Vermögenswerten zum Zeitpunkt des erstmaligen Ansatzes zum beizulegenden Zeitwert (Fair Value) zu erfolgen. Davon abweichend sind allerdings finanziellen Vermögenswerten, die nicht erfolgswirksam zum Fair Value bewertet werden, zum Zeitpunkt der Erstbewertung zusätzlich zum beizulegenden Zeitwert Transaktionskosten zuzurechnen, die mit dem Erwerb beziehungsweise der Ausgabe in direkter Verbindung stehen.[70]

Diese zu beachtenden Transaktionskosten werden in diesem Zusammenhang durch die Vorschriften des IAS 39 als Kosten definiert, die mit der jeweiligen Transaktion in direktem Zusammenhang stehen und die nicht angefallen wären, wenn die Transaktion des finanziellen Vermögenswertes nicht stattgefunden hätte.[71]

Als Beispiele für mögliche Transaktionskosten können die in den „application guidance" des IAS 39 aufgeführten zu entrichtenden Abgaben an Aufsichtsbehörden oder Wertpapierbörsen, für die Transaktion zu zahlenden Steuern und Gebühren und

---

[68] Vgl. Nguyen, T. (2008), S. 488.
[69] Vgl. Grünberger, D. (2008), S. 167.
[70] Vgl. Zülch, H., u.a. (2009), S. 415.
[71] Vgl. Pellens, B., u.a. (2011), S. 561.

darüberhinausgehende Gebührenzahlungen oder Kommissionsabgaben für Makler, Vermittler, Berater genannt werden.[72]

Gleichzeitig schließen die Vorschriften des IAS 39 Finanzierungskosten, interne Verwaltungs- und Haltekosten sowie die im Falle einer in der Zukunft liegenden Veräußerung des finanziellen Vermögenswertes auftretenden Transaktionskosten aus dem Kreis der bei der Zugangsbewertung relevanten Kosten aus.[73]

Zusätzlich zu einer genauen Definition von Transaktionskosten, die mit dem Erwerb eines finanziellen Vermögenswertes in Verbindung stehen, gibt IAS 39 auch die folgenden zwei Möglichkeiten an, die vorschreiben, wie entsprechende Transaktionskosten bilanziell abzubilden sind:[74]

- einzubeziehende Transaktionskosten sollen bereits zum Zeitpunkt des Zuganges eines finanziellen Vermögenswertes erfolgswirksam verbucht werden, wenn die Folgebewertung des Vermögenswertes erfolgswirksam zu beizulegenden Zeitwert erfolgt
- einzubeziehende Transaktionskosten sollen aktiviert werden, wenn die Folgebewertung des finanziellen Vermögenswertes nicht erfolgswirksam zum beizulegenden Zeitwert erfolgt.

Nachdem eine genaue Einordnung der Transaktionskosten in die Zugangsbewertung vorgenommen wurde, muss nun geklärt werden, welche Möglichkeiten dem bilanzierenden Unternehmen zur Verfügung stehen, um den zur erstmaligen Bilanzierung benötigten beizulegenden Zeitwert ermitteln zu können.

Grundsätzlich ist zur Klärung dieser Fragestellung festzustellen, dass IAS 39 unter dem beizulegenden Zeitwert den Preis einer Transaktion eines finanziellen Vermögenswertes oder einen entsprechenden Marktpreis ansieht.[75]

Diese Definition des Fair Value in den Vorschriften des IAS 39 klammern bewusst den Begriff der Anschaffungskosten bei der erstmaligen Bilanzierung aus, da es zum Beispiel bei Transaktionen mit Eigentümern oder nahe stehenden Unternehmen dazu kom-

---

[72] Vgl. Nguyen, T. (2008), S. 478.
[73] Vgl. Ballwieser, W., u.a. (2010), S. 257.
[74] Vgl. Lüdenbach, N., u.a. (2010 I), S. 358.
[75] Vgl. Baetge, J., u.a. (2007), S. 351.

men kann, dass der beizulegende Zeitwert von den Anschaffungskosten abweicht.[76] Daher wäre bei einer reinen Definition des zu verwendenden erstmaligen Bilanzwertes als Anschaffungskosten solchen Situation nicht ausreichend Rechnung getragen. Lässt sich der beizulegende Zeitwert anhand eines Transaktionspreises bestimmen, ist dies für das nach IAS 39 bilanzierende Unternehmen mit keinem großen Aufwand verbunden, da es sich um einen allgemein gültigen Wert handelt.[77]

Dagegen stellt sich die Situation anders dar, wenn sich der beizulegende Zeitwert nicht durch einen Transaktionspreis ermitteln lässt, sondern anhand von Marktpreisen zu bestimmen ist.[78] In solchen Fällen muss zuerst geklärt werden, ob zur Determinierung des Wertes ein aktiver Markt besteht oder kein aktiver Markt vorhanden ist.

Ein aktiver Markt liegt nach den Bestimmungen des IAS 39 dann vor, wenn regelmäßig Preise für den entsprechenden finanziellen Vermögenswert durch beispielsweise Händler, Börsen, Preisagenturen oder Regulierungsbehörden veröffentlicht werden und wenn diese Preise gleichzeitig aus einem Handel zwischen gleichberechtigten Partnern resultieren. Bei diesem „market-to-market accounting" Ansatz richtet sich der beizulegende Zeitwert nach den aktuellen beziehungsweise zuletzt verfügbaren Marktpreisen.[79]

Falls zur Bestimmung des beizulegenden Zeitwertes eines finanziellen Vermögenswertes kein aktiver Markt besteht, ist der beizulegende Zeitwert durch die Durchführung von Bewertungsverfahren, wie zum Beispiel der Ermittlung anhand von vergleichbaren Preisen von Transaktionen zwischen sachverständigen, vertragswilligen und unabhängigen Geschäftspartnern anhand des beizulegenden Zeitwertes eines identischen finanziellen Vermögenswertes, anhand von Optionspreismodellen oder anhand von „discounted-cashflow" Verfahren, zu bestimmen.[80]

Bei der Anwendung solcher Bewertungsmethoden zur Ermittlung des beizulegenden Zeitwertes unter der Voraussetzung, dass es keinen aktiven Markt gibt, sind die bilanzierenden Unternehmen allerdings dazu verpflichtet, die im Zuge der Zugangsbewertung angewandte Methodik fortlaufend auf ihre Validität hin zu prüfen und auftretende Abweichungen zu korrigieren.

---

[76] Vgl. Grünberger, D. (2008), S. 149.
[77] Vgl. Stauber, J. (2012), S. 215.
[78] Vgl. Friedhoff, M., u.a. (2013), S. 162 f.
[79] Vgl. Pellens, B., u.a. (2011), S. 561.
[80] Vgl. Zülch, H., u.a. (2009), S. 417.

### 2.4.2 Folgebewertung

Grundsätzlich unterscheidet der IAS 39 zwischen den beiden Folgebewertungsmethoden der fortgeführten Anschaffungskosten (amortized cost) und des beizulegenden Zeitwertes (Fair Value). Die Vorschriften des IAS 39 folgen somit einem gemischten Bewertungsansatz, wobei die spezifische Art der Folgebewertung im Einzelfall davon Abhängig ist, welcher Bewertungskategorie der finanzielle Vermögenswert zugeordnet wurde.[81]

Aus diesem Grund gliedert sich die Zuordnung einer der beiden Folgebewertungsmethoden zu den vier verschiedenen Bewertungskategorien folgendermaßen:[82]

- nicht börsennotierte Kredite und Forderungen sind zu fortgeführten Anschaffungskosten zu folgebewerten
- bis zur Endfälligkeit zu haltende Finanzinstrumente sind zu fortgeführten Anschaffungskosten zu folgebewerten
- Finanzinstrumente, die erfolgswirksam zum beizulegenden Zeitwert zu bewerten sind, sind zum beizulegenden Zeitwert zu folgebewerten
- zur Veräußerung verfügbare finanzielle Vermögenswerte sind zum beizulegenden Zeitwert zu folgebewerten

Eine Ausnahme von der eigentlich zutreffenden Folgebewertungsmethode zum beizulegenden Zeitwert betrifft Finanzinvestitionen in Eigenkapitalinstrumente, deren Preis kein aktiver Markt zu Grunde gelegt werden kann beziehungsweise deren beizulegender Zeitwert nicht durch verlässliche Methoden bestimmt werden kann und sich auf Eigenkapitalinstrumente beziehende Derivate, die durch Andienung zu erfüllen sind. Diese sind in der Folge zu fortgeführten Anschaffungskosten zu bewerten.[83]

Gleichzeitig geben die Bestimmungen der Folgebewertung finanzieller Vermögenswerte nach IAS 39 an, dass die Folgebewertung von Grundgeschäften einer Sicherungsbeziehung gesonderten Vorschriften zu folgen hat.[84] Diese Vorschriften zur Bilanzierung

---

[81] Vgl. Lüdenbach, N., u.a. (2010 I), S. 358.
[82] Vgl. Friedhoff, M., u.a. (2013), S. 161.
[83] Vgl. Heno, R. (2006), S. 244.
[84] Vgl. Stauber, J. (2012), S. 226.

von Sicherungsbeziehungen werden in einem der folgenden Kapitel gesondert dargestellt.[85]

Um die in diesem Kapitel genannten Folgebewertungsmethoden der fortgeführten Anschaffungskosten und des beizulegenden Zeitwerteres näher zu beschreiben, werden diese in den sich anschließenden beiden Kapiteln detailliert dargestellt.

### 2.4.2.1 Fortgeführte Anschaffungskosten

Wie im vorherigen Kapitel beschrieben, werden nicht börsennotierte Kredite und Forderungen, sowie bis zur Endfälligkeit zu haltende Finanzinstrumente, zu fortgeführten Anschaffungskosten folgebilanziert.

Diese fortgeführten Anschaffungskosten werden auf der Grundlage der historischen Anschaffungskosten, unter der Einbeziehung von Tilgungsbeträgen und der Verteilung von Agien und Disagien, mit Hilfe der Effektivzinsmethode über die gesamte Laufzeit des finanziellen Vermögenswertes unter der Berücksichtigung von außerplanmäßigen Abschreibungen bei Wertminderungen oder Uneinbringlichkeit ermittelt.[86]

Durch die daher im Zentrum der Folgebewertung zu fortgeführten Anschaffungskosten stehende Effektivzinsmethode sollen systematisch jegliche Wertminderungen erfasst werden, die während der Laufzeit auftreten können.[87]

Die Anwendung dieser Effektivzinsmethode im Rahmen der Folgebilanzierung zu fortgeführten Anschaffungskosten erfolgt durch die folgenden drei Schritte:[88]

- Ermittlung des Netto-Buchwertes des zu bewertenden finanziellen Vermögenswertes
- Ermittlung der künftigen Ein- und Auszahlungen aus dem finanziellen Vermögenswert
- Ermittlung des entsprechenden Effektivzinssatzes

Die aus dem finanziellen Vermögenswert zu erwartenden Ein- und Auszahlungen werden auf der Grundlage der jeweiligen Vertragskonditionen ermittelt. Falls allerdings die

---

[85] Vgl. Kapitel 2.7, S. 30 ff.
[86] Vgl. Schwarz, C. (2006), S. 125.
[87] Vgl. Pellens, B., u.a. (2011), S. 564.
[88] Vgl. Zülch, H., u.a. (2009), S. 417.

zukünftigen Cashflows nicht verlässlich abgeschätzt werden können, muss die maximale Vertragslaufzeit als Basis herangezogen werden.[89]

Der im Anschluss daran zu ermittelnde Effektivzinssatz stellt einen internen Diskontierungszinssatz dar, der die in der Zukunft zu erwartenden Ein- und Auszahlungen aus dem entsprechenden finanziellen Vermögenswert auf dessen Barwert diskontiert.[90]

Zusätzlich sind bei der Folgebewertung von nicht börsennotierten Krediten beziehungsweise Forderungen und bis zur Endfälligkeit zu haltenden Finanzinstrumenten auch außerplanmäßige Wertminderungen zu berücksichtigen, die zu einer Verminderung der fortgeführten Anschaffungskosten führen.[91]

Der Betrag, um den der Buchwert der zu fortgeführten Anschaffungskosten folgebilanzierten finanziellen Vermögenswerte zu mindern ist, ergibt sich in dabei aus der Differenz zwischen dem Buchwert des finanziellen Vermögenswertes und dem mit Hilfe der Effektivzinsmethode diskontierten Ein- und Auszahlungen Somit kann nur eine Änderung der Höhe oder des Zeitpunktes eines zukünftigen Zahlungsstromes eine Wertminderung nach sich ziehen, nicht aber eine Änderung des Zinsniveaus.[92]

Sich aus der Folgebilanzierung der zu Anschaffungskosten folge bewerteten finanziellen Vermögenswerte ergebende Gewinne aus Wertaufholungen oder Verluste aus Wertminderungen werden sofort erfolgswirksam durch die Gewinn- und Verlustrechnung erfasst, Gewinne und Verluste, die sich aus einer Schätzungsänderung der zukünftig zu erwartenden Ein- und Auszahlungen aus dem finanziellen Vermögenswert ergeben müssen ebenfalls direkt ergebniswirksam verbucht werden. Darüberhinausgehende Wertänderungen werden erst zum Zeitpunkt der Ausbuchung des finanziellen Vermögenswertes erfolgswirksam verbucht.[93]

### 2.4.2.2 Beizulegender Zeitwert (fair value)

Da die Ermittlung des beizulegenden Zeitwertes bereits in einem voran gegangenen Kapital dargestellt wurde[94], wird an dieser Stelle auf eine erneute Darstellung verzichtet. Vielmehr wird in diesem Kapitel dargestellt, wie bei Folgebewertung Gewinne be-

---

[89] Vgl. Friedhoff, M., u.a. (2013), S. 164.
[90] Vgl. Stauber, J. (2012), S. 248.
[91] Vgl. Lüdenbach, N., u.a. (2012 I), S. 1641.
[92] Vgl. Baetge, J., u.a. (2007), S. 352.
[93] Vgl. Buschhütter, M., u.a. (2011), S. 1104.
[94] Vgl. Kapitel 2.4.1, S. 19 ff.

ziehungsweise Verluste und Wertminderungen und – aufholungen bilanziell zu behandeln sind.

Zu den finanziellen Vermögenswerten, die zum beizulegenden Zeitwert folge bewertet werden, gehören jene, die den beiden Kategorien zur Veräußerung verfügbar und erfolgswirksam zum beizulegenden Zeitwert bewertet zugeordnet sind.[95]

Die einzige Ausnahme davon bilden Eigenkapitalinstrumente, deren beizulegender Zeitwert weder durch einen Marktpreis eines aktiven Marktes, noch durch andere Bewertungsmethoden zuverlässig bestimmt werden kann. Diese werden daher in der Folge zu Anschaffungskosten bewertet.[96]

Im Rahmen der Verbuchung von Gewinnen oder Verlusten werden die entsprechenden Beträge bei erfolgswirksam zum beizulegenden Zeitwert bewerteten finanziellen Vermögenswerten sofort erfolgswirksam in der GuV erfasst und in das entsprechende Periodenergebnis integriert.[97]

Im Gegensatz dazu wird die bilanzielle Darstellung von Gewinnen oder Verlusten aus der Folgebewertung von finanziellen Vermögenswerten, die zur Veräußerung verfügbar klassifiziert sind, durch die folgenden beiden Arten unterschieden:[98]

- Gewinne oder Verluste finanzieller Vermögenswerte der Kategorie zur Veräußerung verfügbar werden bei Wertminderungen, Dividendenerträgen, durch die Effektivzinsmethode ermittelten Zinserträgen sowie bei Wechselkursgewinnen beziehungsweise –verlusten aus Investitionen in Schuldinstrumente in einer Fremdwährung erfolgswirksam im Periodenergebnis erfasst.
- Gewinne oder Verluste, die aus allen übrigen Fällen resultieren, sind im sonstigen Ergebnis zu erfassen und erst im Zuge der Ausbuchung des finanziellen Vermögenswertes bei der Errechnung des Abgangserfolgs erfolgswirksam zu berücksichtigen

Wertaufholungen sind parallel zu diesen Regelungen bei zum beizulegenden Zeitwert bewerteten finanziellen Vermögenswerten sofort erfolgswirksam im Periodenergebnis

---

[95] Vgl. Kapitel 2.4.2, S.21 ff.
[96] Vgl. Grünberger, D. (2008), S. 149 ff.
[97] Vgl. Friedhoff, M., u.a. (2013), S. 165.
[98] Vgl. Buschhütter, M., u.a. (2011), S. 1104.

zu verbuchen und bei zur Veräußerung verfügbar gehaltenen finanziellen Vermögenswerten bis zur Ausbuchung erfolgsneutral im Eigenkapital darzustellen.[99]

### 2.4.2.3 Wertminderungen nach IAS 39

Wertminderungen finanzieller Vermögenswerte werden in den Regelungen des IAS 39 durch das so genannte „incurred loss model" erfasst.[100] Dieses Modell fordert außerplanmäßige erfolgswirksame Abschreibungen auf finanzielle Vermögenswerte, sobald objektive Hinweise für eine Wertminderungen vorliegen, die durch ein in der Vergangenheit liegendes Ereignis nach der Erstbewertung ausgelöst wurde und Einfluss auf die zukünftigen Zahlungsströme aus dem finanziellen Vermögenswert haben wird.[101] Unter objektiven Hinweisen auf eine Wertminderung können die folgenden, im IAS 39 exemplarisch genannten, Situationen gesehen werden:[102]

- Vertragsbruch wegen eines Ausfall beziehungsweise eines Verzuges von Zins- und Tilgungszahlungen
- hohe Insolvenzwahrscheinlichkeit
- gravierende Zahlungsschwierigkeiten des Schuldners
- Auflösung eines aktiven Marktes eines finanziellen Vermögenswertes in Folge von finanziellen Schwierigkeiten
- durch wirtschaftlich oder rechtlich begründete Zugeständnisse des Kreditgebers gegenüber dem Kreditnehmer, die dieser, aufgrund von finanziellen Schwierigkeiten des Kreditnehmers, unter normalen Bedingungen nicht gewähren würde

Der Betrag, der aufgrund der beispielhaft aufgeführten objektiven Hinweise des IAS 39 durchzuführenden Wertminderung, richtet sich bei finanziellen Vermögenswerten, die zu fortgeführten Anschaffungskosten bewertet werden, nach der Differenz zwischen dem Buchwert des Vermögenswertes und den durch die Effektivzinsmethode diskontierten erwarteten Zahlungsströmen, wobei die Diskontierung der Zahlungsströme zum ursprünglichen effektiven Zinssatz durchzuführen ist.[103]

---

[99] Vgl. Baetge, J., u.a. (2007), S. 353.
[100] Vgl. Rapp, M., u.a. (2011), S. 44.
[101] Vgl. Nguyen, T. (2008), S. 482.
[102] Vgl. Canaris, C.W., u.a. (2011), S. 642.
[103] Vgl. Friedhoff, M., u.a. (2013), S. 166 f.

Darüber hinaus lässt IAS 39 bei gleichen finanziellen Vermögenswerten mit identischer Risikostruktur eine Wertminderung auf Portfoliobasis zu. Dabei kommt es zu einer pauschalen Wertminderung des Portfolios anhand von historischen Ausfallquoten vergleichbarer Portfolios. Wertaufholungen sind maximal bis zu den fortgeführten Anschaffungskosten vorzunehmen und GuV-wirksam zu erfassen.[104]

Bei finanziellen Vermögenswerten, die dagegen zum beizulegenden Zeitwert zu bewerten sind, erfolgt aufgrund der Regelungen des IAS 39 bezüglich der Bewertungskategorie eine automatische Wertanpassung, weshalb es keiner eigenständigen Regelung bedarf.[105]

Davon abzugrenzen ist die Wertminderung von finanziellen Vermögenswerten, die zur Veräußerung verfügbar gehalten werden, da sich die Wertminderungen dieser an den, im sonstigen Gesamtergebnis erfassten Verlusten orientiert. Diese sind bei einem objektiven Hinweis auf eine Wertminderung in vollem Umfang GuV-wirksam zu erfassen und aus dem sonstigen Gesamtergebnis auszubuchen.[106]

### 2.5  Bilanzierung finanzieller Verbindlichkeiten nach IAS 39

Neben den in den vorherigen Kapiteln dargestellten finanziellen Vermögenswerten, sind bei der Bilanzierung von Finanzinstrumenten auch finanzielle Verbindlichkeiten mit einzubeziehen, deren Vorschriften zur Zugangs- beziehungsweise Folgebewertung und zur Ausbuchung im vorliegenden Kapitel erläutert werden.

Der genaue Umfang finanzieller Verbindlichkeiten, die unter die Bilanzierungsvorschriften des IAS 39 fallen, ist in IAS 32 detailliert erläutert.[107]

Analog zu den Vorgaben bezüglich der Erfassung finanzieller Vermögenswerte müssen auch finanzielle Verbindlichkeiten zunächst kategorisiert werden, um diese ihren Eigenschaften entsprechend korrekt bilanzieren zu können. Daher sind finanzielle Verbindlichkeiten zum Zeitpunkt ihres erstmaligen Zuganges den beiden Bewertungskategorien zu Handelszwecken gehaltene Schulden und sonstige finanzielle Verbindlichkeiten zuzuordnen.[108]

---

[104] Vgl. Baetge, J., u.a. (2007), S. 353.
[105] Vgl. Lüdenbach, N., u.a. (2012 I), S. 1659.
[106] Vgl. Buschhütter, M., u.a. (2011), S. 1109 f.
[107] Vgl. Kapitel 2.1, S. 4 ff.
[108] Vgl. Bieg, H. (2012), S. 524 ff.

Zu der Gruppe der finanziellen Verbindlichkeiten gehörende Finanzinstrumente, die der Kategorie zu Handelszwecken gehalten zugeordnet werden müssen, sind dabei vom bilanzierenden Unternehmen in der Absicht gehalten, diesen aus Spekulationszwecken kurzfristig wieder zurückzukaufen. Außerdem sind dieser Gruppe derivative Finanzinstrumente zuzuordnen, die einen negativen Marktwert aufweisen und nicht zu Sicherungszwecken eingesetzt werden.[109]

Im Gegensatz dazu sind alle übrigen finanziellen Verbindlichkeiten der Kategorie der sonstigen finanziellen Verbindlichkeiten zuzuordnen, wobei dieser Gruppe die folgenden Verbindlichkeiten nicht zugeordnet werden dürfen:[110]

- Finanzgarantien
- Derivate
- zugesagte Kredite, deren Verzinsung unter dem marktüblichen Zinssatz erfolgt
- übertragende Verbindlichkeiten, die nicht ausgebucht werden können
- einem Grundgeschäft zugeteilte finanzielle Verbindlichkeiten im Rahmen einer Sicherungsbeziehung

Darüber hinaus sind solche finanziellen Verbindlichkeiten aus dem Anwendungsbereich des IAS 39 ausgeschlossen, deren Ansatz und Bilanzierung durch einen anderen Standard geregelt wird.

### 2.5.1 Zugangsbewertung

Im Zuge der erstmaligen Bewertung finanzieller Verbindlichkeiten sind diese nach den Bestimmungen des IAS 39 zu ihrem beizulegenden Zeitwert (fair value) zu bilanzieren, wobei sich der beizulegende Zeitwert nach den Anschaffungskosten richtet.[111]

Die Anschaffungskosten ergeben sich in diesem Zusammenhang aus dem vereinnahmten Betrag, der in dem der finanziellen Verbindlichkeit zu Grunde liegenden Vertrag festgeschrieben worden ist.[112]

---

[109] Vgl. Heno, R. (2006), S. 242.
[110] Vgl. Schmitz, F., u.a. (2012), S. 65.
[111] Vgl. Lüdenbach, N. (2010 II), S. 253 ff.
[112] Vgl. Lüdenbach, N., u.a. (2012 I), S. 1682.

Da den Anschaffungskosten zurechenbare Transaktionskosten den Buchwert senken, sind diese über die gesamte Laufzeit der finanziellen Verbindlichkeit erfolgswirksam zu verteilen. Außerdem ist zu beachten, durch die Vorgaben des IAS 39, die Bewertung unter Einschluss der Transaktionskosten vorzunehmen, die Einbeziehung der Transaktionskosten im Wertansatz gemeint ist.[113]

### 2.5.2 Folgebewertung

Die nach der erstmaligen Bewertung finanzieller Verbindlichkeiten nach IAS 39 zu erfolgende Folgebilanzierung muss grundsätzlich zu fortgeführten Anschaffungskosten durchgeführt werden. Dabei kommt, wie bei der Folgebilanzierung finanzieller Vermögenswerte, die Effektivzinsmethode zur Anwendung.[114]

Von dieser Regelung abweichend sind finanzielle Verbindlichkeiten, die in der Kategorie erfolgswirksam zum beizulegenden Zeitwert als zu Handelszwecken gehaltenen Schulden kategorisiert sind oder derivativen Charakter haben und einen negativen Marktwert aufweisen, zu ihrem beizulegenden Zeitwert folge zu bewerten.[115]

Davon abweichend werden den Vorschriften des IAS 39 nach finanzielle Verbindlichkeiten, die aus einem Derivat, welches sich auf ein Eigenkapitalinstrument bezieht, dass nicht an einem aktiven Markt notiert ist, zu Anschaffungskosten bewertet, wenn der beizulegende Zeitwert nicht verlässlich abgeschätzt werden kann und darüber hinaus das jeweilige Derivat nur durch eine Andienung erfüllt werden kann.[116]

Außerdem sind finanzielle Verbindlichkeiten, die in Zusammenhang mit einer Übertragung eines finanziellen Vermögenswertes, welche nicht zu einer vollständigen Ausbuchung führt, auftreten, in der Folge nach den Bestimmungen der Ausbuchung eines finanziellen Vermögenswertes zu bewerten.[117]

### 2.5.3 Ausbuchung

Die Ausbuchung einer finanziellen Verbindlichkeit hat im Moment der Tilgung der Schuld zu erfolgen, worunter zum Beispiel eine Aufrechnung, eine befreiende Zahlung, eine Verjährung oder ein endgültiger Erlass der Schuld gesehen werden kann. Treten

---

[113] Vgl. Grünberger, D. (2008), S. 172 f.
[114] Vgl. Federmann, R. (2006), S. 483.
[115] Vgl. Dürr, U.L. (2007), S. 167.
[116] Vgl. Friedhoff, M., u.a. (2013), S. 162.
[117] Vgl. Buschhütter, M., u.a. (2011), S. 1098.

bei einer solchen Ausbuchung Differenzen zwischen dem Tilgungsbetrag und dem Buchwert der Schuld auf, sind diese GuV-wirksam zu erfassen, wobei eine teilweise Tilgung der Schuld eine Restschuld hinterlässt, die zu ihrem anteilig beizulegenden Zeitwert zu bewerten ist.[118]

Eine eventuell auftretende Umschuldung, aufgrund einer wesentlichen Änderung der Vertragskonditionen hat nach IAS 39 die Tilgung der alten Schuld und gleichzeitig die Aufnahme einer neuen finanziellen Verbindlichkeit zur Folge, die als solche zu bilanzieren ist.[119]

## 2.6 Hybride Finanzinstrumente nach IAS 39

Eine besondere Art der nach IAS 39 zu regelnden Finanzinstrumente sind hybride Finanzinstrumente beziehungsweise strukturierte Produkte. Diese bestehen aus einem Basisvertrag und mindestens einem dazugehörigen eingebetteten Derivat.

Beispielhaft für ein solches hybrides Finanzinstrument ist eine Wandelanleihe, die aus einer Unternehmensanleihe, dem Basisgeschäft, und einem Wandlungsrecht, dem eingebetteten Derivat, besteht. Übt das bilanzierende Unternehmen das zur Verfügung stehende Wandlungsrecht nicht aus, wird die Anleihe bei Fälligkeit getilgt. Kommt es allerdings dazu, dass das Wandlungsrecht ausgeübt wird, erhält der Inhaber der Anleihe in Folge dessen Aktien des entsprechenden Schuldners.[120]

Bei der Bewertung hybrider Finanzinstrumente ist zu beachten, dass IAS 39 drei bestimmte Voraussetzungen vorsieht, unter deren kumulativen Eintreffen der Basisvertrag von dem dazugehörigen eingebetteten Derivat zu trennen ist:[121]

- erste Voraussetzung: das eingebettete Derivat muss, isoliert betrachtet, die Definition eines eigenständigen Finanzderivates entsprechen
- zweite Voraussetzung: die wirtschaftlichen Merkmale und die damit in Verbindung stehenden Risiken des eingebetteten Derivates stehen in keiner engen Verbindung zu denen des Basisvertrages
- dritte Voraussetzung: das hybride Finanzinstrument als solches wurde bisher nicht als „ergebniswirksam zum beizulegenden Zeitwert bewertet bilanziert

---

[118] Vgl. Pellens, B., u.a. (2011), S. 596.
[119] Vgl. Althoff, F. (2012), S. 178.
[120] Vgl. Lüdenbach, N., u.a. (2010), S. 366.
[121] Vgl. Zülch, H., u.a. (2009), S. 404.

Kommt es zu einem kumulativen Eintreffen der eben genannten Voraussetzungen, wird das eingebettete Derivat nach den Vorschriften erfolgswirksam zum beizulegenden Zeitwert zu bewerteter finanzieller Vermögenswerte und der Basisvertrag entsprechend als Finanzinstrument oder nach den Vorschriften eines anderen Standards, wenn es sich bei dem Basisvertrag nicht um ein nach IAS 39 zu bewertendes Finanzinstrument handelt, bilanziert.[122]

Falls allerdings die Voraussetzungen zur Trennung eines hybriden Finanzinstrumentes nicht kumulativ erfüllt werden können, ist dieses als Ganzes, aufgrund der dem Unternehmen zur Verfügung stehenden Fair Value Option, als erfolgswirksam zum beizulegenden Zeitwert zu bewerten.[123]

Darüber hinaus beinhaltet der IAS 39 auch Regelungen zur Ausbuchung hybrider Finanzinstrumente. So darf eine separate Ausbuchung des eingebetteten Derivates in Unabhängigkeit des Basisvertrages nicht durchgeführt werden. Daher ist eine Ausbuchung nur möglich, wenn der Anlass dazu das gesamte hybride Finanzinstrument betrifft. Beispielhaft für einen solchen Anlass sind der Verkauf des Basisvertrages oder das Auslaufen von Rechten, die mit dem Basisvertrag verknüpft sind.[124]

## 2.7 Bilanzierung von Sicherungsbeziehungen (hedge accounting)

Abseits der allgemeinen Regelungen zur Bilanzierung von Finanzinstrumenten sieht IAS 39 zusätzlich dazu auch spezielle Regelungen zur Bilanzierung von Sicherungsbeziehungen, dem so genannten hedge accounting, vor.

Unter einem hedge wird in der internationalen Rechnungslegung die Absicherung eines vorhandenen Grundgeschäftes durch das Eingehen eines entgegengesetzten Sicherungsgeschäftes verstanden, um Änderungen des Cashflows oder des beizulegenden Zeitwertes, ausgelöst durch zum Beispiel eine Marktpreisänderung, aus beiden Geschäften kompensieren zu können.[125]

Allerdings müssen die folgenden Bedingungen erfüllt sein, um eine Sicherungsbeziehung im Sinne des IAS 39 als solche bilanziell abbilden zu dürfen:[126]

---

[122] Vgl. Pellens, B., u.a. (2011), S. 575.
[123] Vgl. Achleitner, A.K., u.a. (2011), S. 139.
[124] Vgl. Stauber, J. (2012), S. 500.
[125] Vgl. Stauber, J. (2012), S. 289.
[126] Vgl. Kirsch, H. (2007), S. 130.

- der Sicherungszusammenhang muss im Zuge des Abschlusses des Sicherungsgeschäftes dokumentiert werden
- Wertänderungen des Grundgeschäftes müssen während der gesamten Laufzeit durch entsprechende Wertänderungen des Sicherungsgeschäftes auszugleichen sein, wobei IAS 39 eine Wertänderungsspanne von 80% bis 125% vorgibt
- bei einer Absicherung der Cashflows aus einem Geschäft muss das Eintreten eines entgegengesetzten Sicherungsgeschäftes höchst wahrscheinlich sein
- die Effektivität des Sicherungszusammenhanges muss verlässlich zu bestimmen und zu überprüfen sein
- die Wirksamkeit der Absicherung muss fortlaufend beurteilt werden

Liegen diese Voraussetzungen für die Bildung eines hedge vor, ist es dem bilanzierenden Unternehmen überlassen, ob es das vorliegende Geschäft als hedge nach den Vorschriften der internationalen Rechnungslegung bilanziert oder darauf verzichtet. Kommt es zu einem Verzicht, ist die Sicherungsbeziehung als derivatives Finanzinstrument zu erfassen und folgt somit bei ihrer Bilanzierung den Vorschriften für Finanzinstrumente, die der Kategorie finanzieller Vermögenswerte, die zum beizulegenden Zeitwert bewertet werden, zugeordnet sind.

Entschließt sich das bilanzierende Unternehmen dagegen dazu, das Sicherungsgeschäft als hedge zu bilanzieren, hängt die Bilanzierung von der Art des Sicherungsgeschäftes ab. Hierbei wird zwischen einer Sicherungsbeziehung zur Absicherung von Zahlungsströmen (Cashflow-hedge), zur Absicherung einer Nettoinvestition in einen ausländischen Geschäftsbetrieb (hedge of a net investment in a foreign operation) und zur Absicherung des beizulegenden Zeitwertes (fair value hedge) unterschieden.[127]

Bei einer Absicherung von Zahlungsströmen (Cashflow-hedge) werden Schwankungen der Zahlungsströme, die aus einem dem Grundgeschäft einer Sicherungsbeziehung zuzurechnenden Risiko oder einer möglichen zukünftigen Transaktion resultieren, abgesichert.[128]

Anders als bei der Absicherung von Zahlungsströmen, werden bei der Absicherung einer Nettoinvestition in einen ausländischen Geschäftsbetrieb Risiken aus der Währungsumrechnung kompensiert, die auftreten können, wenn das ausländische Tochter-

---

[127] Vgl. Achleitner, A.K., u.a. (2011), S. 134.
[128] Vgl. Nguyen, T. (2008), S. 509.

unternehmen nicht die funktionale Währung des bilanzierenden Mutterkonzerns führt.[129]

Eine Absicherung des beizulegenden Zeitwertes (fair value hedge) wird dagegen vorgenommen, um das Risiko einer möglichen Änderung des beizulegenden Zeitwertes des Sicherungsgeschäftes kompensieren zu können. Dieses Risiko muss sich dabei potentiell auf das Periodenergebnis des bilanzierenden Unternehmens auswirken können.[130]

Aufgrund der Tatsache, dass die bilanzielle Abbildung eines Cashflow-hedge und eines hedge of a net investment in a foreign operation gleich zu erfolgen hat, werden die diesbezüglichen Vorschriften gemeinsam dargestellt. So ist nach IAS 39 für Gewinne oder Verluste, die dem effektiven Teil der Absicherung einer Sicherungsbeziehung zuzuteilen sind, eine erfolgsneutrale Rücklage im Eigenkapital zu bilden, wogegen Gewinne oder Verluste aus dem nicht effektiven Teil der Absicherung erfolgswirksam durch das Periodenergebnis zu erfassen sind.[131]

Die Bilanzierungsvorschriften des IAS 39 sehen für die Erfassung eines fair value hedge vor, dass aus der Veränderung des beizulegenden Zeitwertes des Sicherungsinstrumentes resultierende Gewinne oder Verluste und Veränderungen des Buchwertes des Grundgeschäftes sofort GuV-wirksam abzubilden sind, wenn sich diese Wertänderungen auf die abgesicherten Risiken zurückführen lassen.[132]

Das Sicherungsgeschäft ist als solches auszubuchen, wenn die zuvor dargestellten Bedingungen für eine Sicherungsbilanzierung nach IAS 39 nicht mehr erfüllt sind oder das bilanzierende Unternehmen das Sicherungsgeschäft aufhebt beziehungsweise das Sicherungsinstrument ausläuft, veräußert oder ausgeübt wird.[133]

---

[129] Vgl. Althoff, F. (2012), S. 184.
[130] Vgl. Friedhoff, M., u.a. (2013), S. 179.
[131] Vgl. Zülch, H., u.a. (2009), S. 429.
[132] Vgl. Stauber, J. (2012), S. 314 f.
[133] Vgl. Ballwieser, W., u.a. (2010), S. 264.

## 3. Bilanzierung und Bewertung von Finanzinstrumenten nach IFRS 9

Nachdem in den vorherigen Kapiteln die Vorschriften zur Bilanzierung von Finanzinstrumenten nach IAS 32 und IAS 39 dargestellt wurden, bezieht sich das vorliegende Kapitel auf die neuen Regelungen des IFRS 9, der die Vorschriften des IAS 39 ersetzten soll.

### 3.1 Das IASB Reformprojekt „IAS 39 Replacement"

Das als Reaktion auf die durch die internationale Finanzmarktkrise begründete Kritik der Europäischen Union und anderer Anspruchsgruppen an den geltenden Standards zur Bilanzierung von Finanzinstrumenten durch das IASB angestoßene Projekt mit der Bezeichnung „IAS 39 Replacement Project", zielt darauf ab, statt einer Überarbeitung des IAS 39 durch den IFRS 9 einen neuen Standard zu erarbeiten, der den aktuellen Anforderungen an eine zeitgemäße Bilanzierung von Finanzinstrumenten gerecht wird.[134] Grundsätzlich gliedert sich das Projekt in die folgenden drei Phasen:[135]

- Phase 1: Klassifizierung und Bewertung von Finanzinstrumenten (classification and measurement)
- Phase 2: Außerplanmäßige Abschreibungen (impairment)
- Phase 3: Bilanzierung von Sicherungsgeschäften (hedge accounting)

Die bei Abschluss einer Phase erarbeiteten Regelungen werden aus IAS 39 gestrichen, um diese im Anschluss den Vorschriften des IFRS 9 zuzuschreiben.

In den folgenden Kapiteln werden die einzelnen Phasen des Projektes zur Ablösung des IAS 39 durch den IFRS 9 genauer dargestellt.

Eine erstmalige verpflichtende Anwendung der neuen Vorschriften des IFRS 9 plant das IASB für alle Geschäftsjahre, die nach dem 31.12.2014 beginnen, wobei die freiwillige Anwendung der fertiggestellten Teilbereiche des neuen Standards bereits jetzt erlaubt ist.[136] Wann allerdings die Anwendung des IFRS 9 in der Europäischen Union für die bilanzierenden Unternehmen verpflichtend wird, ist noch nicht abzusehen, da das zur

---

[134] Vgl. Kholmy, K. (2011); S. 79 ff.
[135] Vgl. Lüdenbach, N., u.a. (2012 II), S. 521.
[136] Vgl. Althoff, F (2012), S. 188 f.

Ratifizierung durch die EU Kommission durchzuführende Endorsement-Verfahren noch nicht genau terminiert wurde.[137]

### 3.1.1 Phase 1: Klassifizierung von Bewertung von Finanzinstrumenten

Die erste Phase des IASB Projektes zur Ablösung des IAS 39 durch den IFRS 9 befasst sich mit der Überarbeitung der momentan geltenden Regelungen zur Klassifizierung und Bewertung von Finanzinstrumenten im Sinne der internationalen Rechnungslegung. Diese erste Phase wurde durch das IASB am 28. Oktober 2010 abgeschlossen und die darin erarbeiteten Vorschriften veröffentlicht.[138] Allerdings wurde zusätzlich zu den im Jahr 2010 fertiggestellten Regelungen durch das IASB am 28. November 2012 der Exposure Draft ED/2012/4 „Klassifizierung und Bewertung: Begrenzte Änderungen an IFRS 9" veröffentlicht. Dieser ergänzt die bisher erarbeiteten Vorschriften des IFRS 9 um weitere Anwendungsleitlinien zur Bestimmung des Geschäftsmodells sowie eine zusätzliche Bewertungskategorie für finanzielle Vermögenswerte ein.[139]

Eine detaillierte Darstellung der nach IFRS 9 geltenden Vorschriften zur Kategorisierung und Bewertung von Finanzinstrumenten folgt in Kapitel 3.4.

### 3.1.2 Phase 2: außerplanmäßige Abschreibungen

In der zweiten Phase des IASB Projektes zur Ablösung des bestehenden IAS 39 durch den neuen IFRS 9 werden die Regelungen zur bilanziellen Abbildung von außerplanmäßigen Abschreibungen überarbeitet beziehungsweise durch neue Vorschriften ersetzt, die nach dem Abschluss dieser Projektphase als IFRS 9 in den Regelungsbereich der IFRS Rechnungslegung einbezogen werden.

Die in diesem Kapitel dargestellte zweite Phase des Reformprojektes befindet sich momentan noch im Entwurfsstatus, wobei zu deren Erarbeitung bereits im Jahr 2009 der Exposure Draft „ED/2009/12: Financial Instruments: Amortised Cost and Impairment" veröffentlicht wurde und zusätzlich im Jahr 2011 eine in Zusammenarbeit mit dem FASB entstandene Ergänzung des bereits publizierten ersten Exposure Drafts.[140] Darüber hinaus wurde durch das IASB im März 2013 der Exposure Draft „ED/2013/3: Ex-

---

[137] Vgl. Ernst & Young (2013), abgerufen am 29.07.2013.
[138] Vgl. Felsenheimer, J., u.a. (2011), S. 306 f.
[139] Vgl. KPMG (2013 I), abgerufen am 11.07.2013.
[140] Vgl. Stauber, J. (2012), S. 737.

pected Credit Losses" veröffentlicht, dessen Kommentierungsfrist im Juli 2013 endet. durch diesen Exposure Draft beabsichtigt das IASB, das bisherige „Credit Loss-Modell" durch ein „expected credit-loss model" zu ersetzten.[141]

Bezüglich eines Abschlusses der zweiten Phase des Reformprojektes seitens des IASB wurde bisher nur der Entschluss gefasst, diesen vorzunehmen, wenn die neuen Vorschriften des IFRS 9 veröffentlicht werden.[142]

### 3.1.3 Phase 3: Bilanzierung von Sicherungsgeschäften

Bei der dritten Phase des Reformprojektes erarbeitet das IASB neue Regelungen zur Bilanzierung von Sicherungsgeschäften (hedge accounting).

Die ersten Regelungen dieser dritten Phase wurde durch den vom IASB bereits im Jahr 2010 veröffentlichten Exposure Draft „ED/2010/13: Hedge Accounting" zur Diskussion gestellt. Darauf aufbauend veröffentlichte das IASB im September 2012 einen Standardentwurf des IASB staff zum hedge accounting, durch den sich die bilanzierenden Unternehmen explizit mit den zukünftigen Vorschriften des IFRS 9 auseinandersetzten können.[143]

Ein endgültiger Abschluss der Projektphase zur Erarbeitung neuer Regelung bezüglich der Bilanzierung von Sicherungsbeziehungen ist für das dritte Quartal 2013 geplant.[144]

### 3.2 Anwendungsbereich

Der die bisherigen Regelungen zur Bilanzierung nach IAS 39 ersetzende IFRS 9 soll zukünftig den Ansatz, die Kategorisierung, die Erst- beziehungsweise Folgebewertung und die Ausbuchung finanzieller Vermögenswerte und finanzieller Verbindlichkeiten regeln.[145]

Davon abzugrenzen sind Teilbereiche der Regelungen zur Bilanzierung von Finanzinstrumenten, die bisher noch nicht in die abschließenden Vorschriften des IFRS 9 eingeflossen sind und daher weiterhin durch den IAS 39 geregelt werden. Dazu gehören die bilanzielle Darstellungen von außerplanmäßigen Abschreibungen bei finanziellen Vermögenswerten oder finanziellen Verbindlichkeiten und die Bilanzierung von Siche-

---
[141] Vgl. KPMG (2013 III), abgerufen am 11.07.2013.
[142] Vgl. DRSC (2013 I), abgerufen am: 09.07.2013.
[143] Vgl. KPMG (2012 I), abgerufen am 11.07.2013.
[144] Vgl. DRSC (2013 II), abgerufen am 09.07.2013.
[145] Vgl. Althoff, F. (2012), S. 188.

rungsgeschäften, dem so genannten hedge accounting. Zusätzlich werden auch weiterhin die Bereiche der Darstellung von Finanzinstrumenten und die durch das bilanzierende Unternehmen dazulegenden Anhangangaben durch die beiden Standards IAS 32 und IFRS 7 geregelt.[146]

### 3.3 Ansatz

Die Vorschriften zur Regelung des erstmaligen Bilanzansatzes von Finanzinstrumenten wurden durch die Regelungen des IFRS 9 nahtlos von denen des IAS 39 übernommen.[147] Daher gilt auch weiterhin die grundsätzliche Vorschrift, dass ein finanzieller Vermögenswert oder eine finanzielle Verbindlichkeit zu jenem Zeitpunkt zum ersten Mal durch die Bilanz des anwendenden Unternehmens zu erfassen ist, zu welchem das bilanzierende Unternehmen Vertragspartei an einem über ein Finanzinstrument abgeschlossenen Vertrag wird.[148] In diesem Zusammenhang besitzt das bilanzierende Unternehmen bei Vertragsabschlüssen, die einen nach den Bestimmungen des Marktes vorhandenen marktüblichen Handel darstellen, das Wahlrecht, den Erstansatz des finanziellen Vermögenswertes am Handelstag oder erst am Erfüllungstag vorzunehmen, wogegen bei der Frage des erstmaligen Ansatzes von nicht an einem Markt gehandelten finanziellen Vermögenswerten die Vorschriften des IFRS 9 auf einen akzeptablen Zeitrahmen abzustellen sind.[149]

Davon abweichend sollen allerdings Forderungen und Schulden aus einer feststehenden Verpflichtung zum Kauf beziehungsweise Verkauf von Waren oder Dienstleistungen nach den Vorschriften des IFRS 9 erst dann bilanziell erfasst werden, wenn eine der beiden Vertragsparteien die vertraglichen Leistungen erfüllt hat. So hat zum Beispiel ein entsprechendes Unternehmen eine Forderung aus Lieferung erst ab dem Zeitpunkt bilanziell zu erfassen, wenn die Lieferung durchgeführt wurde.[150]

### 3.4 Klassifizierung von finanziellen Vermögenswerten nach IFRS 9

Nach den Vorschriften des IFRS 9 sind finanzielle Vermögenswerte zum Zeitpunkt ihres Zuganges der Kategorie der zu fortgeführten Anschaffungskosten (at amortised

---

[146] Vgl. Lüdenbach, N., u.a. (2012 II), S. 522.
[147] Vgl. Berentzen, C. Diss, S. 76.
[148] Vgl. Kapitel 2.2, S. 6.
[149] Vgl. Lühn, M. (2013), S. 123.
[150] Vgl. Lüdenbach, N., u.a. (2012 II), S. 522.

costs) bewerteten finanziellen Vermögenswerte, der Kategorie der zum beizulegenden Zeitwert (at fair value) bewerteten finanziellen Vermögenswerte oder der Kategorie der zum beizulegenden Zeitwert mit Wertänderungen im sonstigen Ergebnis (fair value through other comprehensive income) bewerteten finanziellen Vermögenswerten[151] zuzuordnen.[152]

Entscheidend für die Zuordnung eines finanziellen Vermögenswertes zu einer der drei Kategorien ist einerseits das Geschäftsmodell des bilanzierenden Unternehmens, welches auf die Behandlung finanzieller Vermögenswerte abzielt (subjektives Kriterium) und andererseits die vertraglichen Bestimmungen zur Behandlung von Zahlungsströmen (Cashflows) aus dem jeweiligen finanziellen Vermögenswert (objektives Kriterium).[153] Um sich nun einen Überblick über die genauen Maßstäbe zur Zuordnung eines finanziellen Vermögenswertes zu einer der drei Kategorien zu verschaffen, werden die genauen Vorschriften des IFRS 9 für anwendende Unternehmen bezüglich der regelkonformen Zuordnung eines finanziellen Vermögenswertes zu einer der zur Verfügung stehenden Bewertungskategorien, in den sich anschließenden Kapiteln detailliert dargestellt.

### 3.4.1 Finanzielle Vermögenswerte zu fortgeführten Anschaffungskosten (at amortised costs)

Grundsätzlich sind finanzielle Vermögenswerte nach IFRS 9 der Kategorie finanzieller Vermögenswerte, die zu fortgeführten Anschaffungskosten (at amortised costs) bewertet werden, zuzuordnen, wenn die folgenden beiden subjektiven beziehungsweise objektiven Voraussetzungen erfüllt sind:[154]

- das Geschäftsmodell der Gruppe von Vermögenswerten, welchen der einzelne finanzielle Vermögenswert zuzurechnen ist, zielt darauf ab finanzielle Vermögenswerte zu halten und dadurch vertraglich festgeschriebene Zahlungsströme (Cashflows) zu realisieren (subjektives Kriterium)
- der Vertrag über den finanziellen Vermögenswert legt fest, dass zu bestimmten Zeitpunkten innerhalb der Laufzeit, Geldflüsse zu erfolgen haben, die nur aus

---

[151] Vgl. Flick Gocke Schaumburg Wirtschaftsprüfungsgesellschaft (2012), abgerufen am 12.07.2013.
[152] Vgl. Buchholz, R. (2012), S. 139.
[153] Vgl. Ballwieser, W., u.a. (2010), S. 269.
[154] Vgl. Lüdenbach, N., u.a. (2012 II), S. 524.

einer Zins- und einer Tilgungszahlung bezogen auf das noch ausstehende Kapital bestehen (objektives Kriterium)

Zusätzlich ist zu beachten, dass die Klassifizierung in die Gruppe der zu fortgeführten Anschaffungskosten bewerteten finanziellen Vermögenswerte nur erfolgen kann, wenn die genannten Voraussetzungen kumulativ erfüllt sind.[155]

Die durch das subjektive Kriterium des Geschäftsmodells zum Ausdruck gebrachte Zielsetzung des bilanzierenden Unternehmens bezüglich der Behandlung finanzieller Vermögenswerte, bezieht sich auf Entscheidungen des Managements in Schlüsselpositionen. In diesem Zusammenhang ist das Geschäftsmodell nicht aufgrund von Entscheidungen bezüglich eines einzelnen finanziellen Vermögenswertes zu definieren, sondern vielmehr aufgrund von festgelegten Zielsetzungen des Managements, die sich auf eine höhere Aggregationsebene, zum Beispiel eine Gruppe finanzieller Vermögenswerte, beziehen.[156]

Um die Einordnung eines finanziellen Vermögenswertes in die Bewertungskategorie „bewertet zu fortgeführten Anschaffungskosten" dahingehend zu präzisieren, was genau unter dem durch das Geschäftsmodell zum Ausdruck kommenden Zweck des Haltens zur Vereinnahmung von Zahlungsströmen zu verstehen ist, geben die Regelungen des IFRS 9, die durch den ED/2012/4 „Klassifizierung und Bewertung: Begrenzte Änderungen an IFRS 9" begründet wurden, bestimmte Anwendungsleitlinien vor. So widersprechen zum Beispiel aus einer Bonitätsänderung resultierende Verkäufe von finanziellen Vermögenswerten oder Veräußerungen von Vermögenswerten in Folge von so genannten „stess-case" Szenarien, die darüber hinaus nur selten zu erwarten sind, nicht der Absicht des Haltens zur Realisierung von Zahlungsströmen.[157]

Des Weiteren stellt das zweite Kriterium zur Zuteilung eines finanziellen Vermögenswertes zu der Kategorie finanzieller Vermögenswerte zu fortgeführten Anschaffungskosten auf die zu erwartenden Zahlungsströme aus dem Vermögenswert ab, die aus Zins- und Tilgungszahlungen auf das entsprechende Kapital bestehen, wobei die Zins-

---

[155] Vgl. Althoff, F. (2012), S. 190.
[156] Vgl. Lüdenbach, N., u.a. (2012 I), S. 1775.
[157] Vgl. PricewaterhouseCoopers (2012 I), abgerufen am 11.07.2013.

zahlung als Entgelt für den Zeitwert des Geldes und das entsprechende Kreditrisiko bezüglich des ausstehenden Kapitalbetrages gesehen werden.[158]

Zusätzlich zu dieser Regelung wurden durch den ED/2012/4 „Klassifizierung und Bewertung: Begrenzte Änderungen an IFRS 9" den Regelungen ein Benchmark-Test hinzugefügt, um die Einordnung bestimmter finanzieller Vermögenswerte in die Bewertungskategorie zu fortgeführten Anschaffungskosten zu erreichen.[159] Die Notwendigkeit eines solchen Testes ergibt sich aus der Tatsache, dass manche finanziellen Vermögenswerte nur Tilgungs- beziehungsweise Zinszahlung auf ein ausstehendes Kapital darstellen, diese aber gleichzeitig in ihrem ökonomischen Zusammenhang modifiziert werden können, wie zum Beispiel bei Fällen, in denen der vertraglich festgesetzte Zins gehebelt ist.[160]

Da in einem solche Fall der Benchmark Test nach IFRS 9 durchzuführen ist, müssen die anwendenden Unternehmen den modifizierten finanziellen Vermögenswert mit einem nicht modifizierten Vermögenswert vergleichen, dem Benchmark-Instrument, um somit die Auswirkung der ökonomischen Modifikation feststellen zu können. Ergibt dieser Vergleich, dass die Modifikation unwesentlich ist, darf der finanzielle Vermögenswert zu fortgeführten Anschaffungskosten bilanziert werden. Wird allerdings festgestellt, dass die Modifikation wesentlich ist, ist der entsprechende finanzielle Vermögenswert in die Bewertungskategorie zum beizulegenden Zeitwert einzuordnen.[161]

Gleichzeitig sehen die Vorschriften des IFRS 9 eine Fair-Value Option vor, bei der finanzielle Vermögenswerte, die die Voraussetzungen des Geschäftsmodells und der vertraglichen Bestimmungen bezüglich der Zahlungsströme erfüllen, wahlweise trotzdem der Kategorie, der zum beizulegenden Zeitwert bewerteten Vermögenswerte, zugerechnet werden können, wenn dies eine bestehende Ansatzinkonsistenz (accounting mismatch) reduziert oder eliminiert.[162]

---

[158] Vgl. Friedhoff, M., u.a. (2013), S. 156.
[159] Vgl. KPMG (2012 I), abgerufen am 12.07.2013.
[160] Vgl. KPMG (2013 I), abgerufen am 12.07.2013.
[161] Vgl. PricewaterhouseCoopers (2012 I), abgerufen am 11.07.2013.
[162] Vgl. Henkel, K. (2011), S. 308.

### 3.4.2 Finanzielle Vermögenswerte zum beizulegenden Zeitwert mit Wertänderungen im sonstigen Ergebnis (at fair value through other comprehensive income)

Die vorliegende Bewertungskategorie der finanziellen Vermögenswerte, die zum beizulegenden Zeitwert mit Wertänderungen im sonstigen Ergebnis (fair value through other comprehensive income) bewertet werden, wurde im Rahmen des ED/2012/4 „Klassifizierung und Bewertung: Begrenzte Änderungen an IFRS 9" neu in den Regelungskreis des IFRS 9 eingeführt.[163]

Diese Bewertungskategorie umfasst finanzielle Vermögenswerte, die einerseits durch vertraglich bestimmte Zahlungsströme, die einzig Tilgungs- und Zinszahlungen auf das ausstehende Kapital darstellen, gekennzeichnet sind und die andererseits durch ein Geschäftsmodell gehalten werden, welches sowohl darauf abzielt, die vertraglichen Zahlungsströme zu vereinnahmen, als auch Verkäufe zu tätigen.[164]

Ähnlich der Fair Value Option für finanzielle Vermögenswerte der Kategorie zu fortgeführten Anschaffungskosten, gibt es nach den zusätzlichen Regelungen für Vermögenswerte der vorliegenden Bewertungskategorie eine so genannte Fair Value Option, bei der finanzielle Vermögenswerte der Kategorie zum beizulegenden Zeitwert zugeordnet werden können, die eigentlich der Kategorie zum beizulegenden Zeitwert mit Wertänderungen im sonstigen Ergebnis zuzuordnen wären, wobei eine solche Umwidmung nur durchzuführen ist, wenn dies Ansatzinkonsistenzen (accounting mismatch) verringert oder eliminiert.[165]

### 3.4.3 Finanzielle Vermögenswerte zum beizulegenden Zeitwert (at fair value)

Für alle finanziellen Vermögenswerte, die nicht kumulativ die im vorherigen Kapitel genannten subjektiven und objektiven Voraussetzungen für eine Zuteilung zur Kategorie der zu fortgeführten Anschaffungskosten bewerteten Vermögenswerte erfüllen und gleichzeitig nicht der Kategorie finanzieller Vermögenswerte, die zum beizulegenden Zeitwert mit Wertänderungen im sonstigen Ergebnis bewertet werden, zuzuordnen sind,

---

[163] Vgl. RBS Roever Broenner Susat (2012), abgerufen am 12.07.2013.
[164] Vgl. Deloitte (2012 I), abgerufen am 12.07.2013.
[165] Vgl. KPMG (2013 II), abgerufen am 12.07.2013.

sehen die Regelungen des IFRS 9 eine Zuteilung in die Bewertungskategorie finanzieller Vermögenswerte zum beizulegenden Zeitwert vor.[166]

In diesem Zusammenhang werden grundsätzlich alle nicht den Voraussetzungen der Kategorie zu fortgeführten Anschaffungskosten bewertetet entsprechenden Vermögenswerte als erfolgswirksam zum beizulegenden Zeitwert bewertet.[167]

Einzig bei Eigenkapitalinstrumenten, die nicht zu Handelszwecken gehalten werden, besitzen die bilanzierenden Unternehmen zum Zeitpunkt des Zuganges durch die so genannte OCI Option die unwiderrufliche Gelegenheit, den entsprechenden Vermögensgegenstand in die Subkategorie erfolgsneutral bewertet zum beizulegenden Zeitwert einzuordnen.[168]

### 3.4.4 Umklassifizierung von finanziellen Vermögenswerten

Die Umklassifizierung finanzieller Vermögenswerte zwischen den Bewertungskategorien der zu fortgeführten Anschaffungskosten bewerteten finanziellen Vermögenswerte, der zum beizulegenden Zeitwert bewerteten finanziellen Vermögenswerte und der zum beizulegenden Zeitwert mit Wertänderungen im sonstigen Ergebnis bewerteten finanziellen Vermögenswerte, stellt nach IFRS 9 insbesondere auf das Zuteilungskriterium des Geschäftsmodells ab, da eine Umklassifizierung eines finanziellen Vermögenswertes danach nur aufgrund einer Änderung eben diesen Geschäftsmodells erfolgen darf.[169]

Um einen solchen Wandel des Geschäftsmodelles präzise abzugrenzen, gibt IFRS 9 genaue Beispielsituationen vor, wie zum Beispiel einen grundlegenden Wandel in der Zusammensetzung des Unternehmens durch einen Unternehmenszusammenschluss oder eine Aufgabe eines Unternehmensteils, unter denen eine Umklassifizierung zulässig ist.[170]

Allerdings werden gleichzeitig Situationen, wie zum Beispiel eine Änderungsabsicht bezüglich der zukünftigen strategischen Einordnung von finanziellen Vermögenswerten, eine sich negativ auswirkende Änderung der Marktstruktur oder der Transfer von finanziellen Vermögenswerten zwischen verschiedenen Teilbereichen des bilanzierenden

---

[166] Vgl. Schmid, M. Diss., S. 242.
[167] Vgl. Friedhoff, M., u.a. (2013), S. 156.
[168] Vgl. Olbrich, A. Diss., S. 54.
[169] Vgl. Henselmann, K., u.a. (2010), S. 129.
[170] Vgl. Buschhütter, M., u.a. (2011), S. 1094.

Unternehmens, genannt, bei deren Eintreffen eine Umklassifizierung im Sinne des IFRS 9 nicht vorgenommen werden darf.[171]

Als Zeitpunkt der Umklassifizierung legt IFRS 9 den ersten Tag der sich an die grundlegende Änderung des Geschäftsmodells und somit gleichzeitig der Umklassifizierung finanzieller Vermögenswerte direkt anschließenden Berichtsperiode fest. Da in diesem Zusammenhang die Umgliederung eines finanziellen Vermögenswertes prospektiv ab dem terminierten Tag der Umklassifizierung erfolgt, sind die bis zu diesem Zeitpunkt im Zuge der Geschäftstätigkeit des bilanzierenden Unternehmens angesammelten Gewinne, Verluste oder Zinsen nicht anzupassen.[172]

Kommt es nun in Folge einer Änderung des Geschäftsmodells zu einer Umgliederung finanzieller Vermögenswerte, hat das bilanzierende Unternehmen zusätzlich die beiden folgenden Vorschriften bezüglich der bilanziellen Erfassung der Umklassifizierung zu beachten:[173]

- im Zuge von Umklassifizierungen von den zu fortgeführten Anschaffungskosten zu den zum beizulegenden Zeitwert bilanzierten Vermögenswerten, muss der beizulegende Zeitwert zum Tag der Umgliederung genau bestimmt werden und sich ergebende Differenzen zum Buchwert GuV-wirksam erfasst werden
- wird eine Umklassifizierung in die entgegengesetzte Richtung durchgeführt, erfolgt die Bilanzierung des Buchwertes des Vermögenswertes, zum beizulegenden Zeitwert am Tag der Umklassifizierung

### 3.4.5 Ausbuchung von finanziellen Vermögenswerten

Die Vorschriften zur Ausbuchung von finanziellen Vermögenswerten nach IAS 39 wurden bei der Erstellung des IFRS 9 vollständig übernommen.[174]

Daher haben die bilanzierenden Unternehmen nach den Regelungen des IFRS 9 zur Feststellung einer vorzunehmenden Ausbuchung zu prüfen, ob die aus dem finanziellen Vermögenswert entspringenden Geldflüsse vollständig oder nur bedingt abgetreten wurden, ob die mit dem finanziellen Vermögenswert in Verbindung stehenden Risiken und Chancen übertragen oder beibehalten oder weder übertragen noch beibehalten wur-

---
[171] Vgl. Friedhoff, M., u.a. (2013), S. 159.
[172] Vgl. Lüdenbach, N., u.a. (2012 I), S. 1780-1781.
[173] Vgl. Lüdenbach, N. (2010 II), S. 165.
[174] Vgl. Althoff, F. (2012), S. 189.

den und ob die Verfügungsmacht an dem Vermögenswert abgetreten wurde oder weiterhin im Unternehmen verbleibt. Des Weiteren wird zur Berechnung eines Gewinnes beziehungsweise Verlustes aus der Ausbuchung eines finanziellen Vermögenswertes nach IFRS 9 der Buchwert des Vermögenswertes am Ausbuchungstag zu Grunde gelegt.[175]

Bei einer Ausbuchung der in der Bewertungskategorie zum beizulegenden Zeitwert mit Wertänderungen im sonstigen Ergebnis zusammengefassten finanziellen Vermögenswerte, ist zusätzlich zu beachten, dass Änderungen des Fair Value, die dem entsprechenden Vermögenswert zuzuschreiben sind und ab dem Zeitpunkt ihres Auftretens im sonstigen Ergebnis bilanziert wurden, zum Zeitpunkt der Ausbuchung ergebniswirksam zu realisieren sind (recycling).[176]

Wie zu Beginn des Kapitels bemerkt, entsprechen die Vorschriften zur Ausbuchung von finanziellen Vermögenswerten nach IFRS 9 den Regelungen des IAS 39.[177]

### 3.5 Bewertung von finanziellen Vermögenswerten nach IFRS 9

In den vorherigen Kapiteln wurden die Grundlagen der Bilanzierung von finanziellen Vermögenswerten nach den Vorschriften des IFRS 9 detailliert dargestellt. Das vorliegende Kapitel setzt diese Darstellung fort und stellt die Vorschriften des IFRS 9 bezüglich der Zugangs- und Folgebewertung von finanziellen Vermögenswerten ausführlich dar.

#### 3.5.1 Zugangsbewertung

Die erstmalige Bewertung eines finanziellen Vermögenswertes wird nach den Vorschriften des IFRS 9 zum beizulegenden Zeitwert vorgenommen. Dabei sind allerdings insbesondere bei der Zugangsbewertung von finanziellen Vermögenswerten, die nicht erfolgswirksam zum beizulegenden Zeitwert folge bilanziert werden, der Transaktion des Vermögenswertes zurechenbare Transaktionskosten zu berücksichtigen.[178]

---

[175] Vgl. Lüdenbach, N., u.a. (2012 II), S. 531-532.
[176] Vgl. KPMG (2013 I), abgerufen am 12.07.2013.
[177] Vgl. Kapitel 2.3.6, S. 15 ff.
[178] Vgl. Pellens, B., u.a. (2011), S. 561.

Der zur Zugangsbewertung zu verwendende beizulegende Zeitwert eines finanziellen Vermögenswertes entspricht dabei in der Regel dem Preis der Transaktion des Vermögenswertes.[179] Zusätzlich sind, wie zu Beginn bemerkt, bei der Zugangsbewertung von finanziellen Vermögenswerten Transaktionskosten einzubeziehen, die in IFRS 9 als Kosten definiert werden, die dem Erwerb beziehungsweise der Emission des finanziellen Vermögenswertes direkt zuzurechnen sind.[180] Wie nun aber die Transaktionskosten bei der Zugangsbewertung zur berücksichtigen sind, richtet sich nach der Art der Folgebewertung des finanziellen Vermögenswertes. Dabei sieht IFRS 9 vor, dass wenn der entsprechende Vermögenswert in der Folge als nicht erfolgswirksam zum beizulegenden Zeitwert bilanziert wird, die anfallenden Transaktionskosten zu aktivieren sind. Wird der finanzielle Vermögenswert dagegen erfolgswirksam zum beizulegenden Zeitwert folge bilanziert, sind die Transaktionskosten nach IFRS 9 bei der Zugangsbewertung erfolgswirksam als Aufwand zu erfassen.[181]

### 3.5.2 Folgebewertung

Die Vorschriften des IFRS 9 zur individuellen Folgebewertung von finanziellen Vermögenswerten folgen den Regelungen der Bewertungskategorie, der ein Vermögenswert zugeordnet ist. Daher muss im Rahmen der Folgebewertung zwischen den Vorschriften für zu fortgeführten Anschaffungskosten bewerteten finanziellen Vermögenswerte, zum beizulegenden Zeitwert bewerteten finanziellen Vermögenswerte und zum beizulegenden Zeitwert mit Wertänderungen im sonstigen Ergebnis bewerteten finanziellen Vermögenswerte unterschieden werden.

Daraus folgt, dass finanzielle Vermögenswerte, die der Kategorie zu fortgeführten Anschaffungskosten zugeordnet wurden, durch die Effektivzinsmethode folge zu bewerten sind.[182] Die Anwendung der Effektivzinsmethode nach IFRS 9 folgt dabei den Vorschriften des IAS 39.[183]

---

[179] Vgl. Berentzen, C. Diss., S. 147.
[180] Vgl. Lüdenbach, N., u.a. (2012 II), S. 523.
[181] Vgl. Lüdenbach, N., u.a. (2012 I), S. 1781.
[182] Vgl. Lüdenbach, N., u.a. (2012 II), S. 526.
[183] Vgl. Kapitel 2.4.2.1, S. 22 ff.

Abweichend davon erfolgt die Folgebewertung von finanziellen Vermögenswerten der Kategorien zum beizulegenden Zeitwert und zum beizulegenden Zeitwert mit Wertänderungen im sonstigen Ergebnis zum beizulegenden Zeitwert.[184]

Wie schon bei den Vorschriften des IFRS 9 zur Folgebewertung von finanziellen Vermögenswerten der Kategorie zu fortgeführten Anschaffungskosten, folgen auch die Vorschriften zur Folgebewertung zum beizulegenden Zeitwert den Regelungen des IAS 39.[185]

Aus der Folgebewertung finanzieller Vermögenswerte der Kategorie zum beizulegenden Zeitwert resultierende Gewinne oder Verluste sind nach IFRS 9 GuV-wirksam zu erfassen. Abweichend davon sind Zeitwertänderungen von nicht zum Handelszweck gehaltenen Eigenkapitalinstrumenten, die zum Zeitpunkt der Zugangsbewertung durch die Inanspruchnahme des Wahlrechts erfolgsneutral bewertet wurden, im sonstigen Gesamtergebnis zu erfassen, wobei die damit erfassten Beträge in den Folgeperioden nicht in das Periodenergebnis umgebucht werden dürfen.[186]

Das Konzept des IFRS 9 zur Erfassung von Wertminderungen finanzieller Vermögenswerte der Kategorien zu fortgeführten Anschaffungskosten und zum beizulegenden Zeitwert mit Wertänderungen im sonstigen Ergebnis folgt dem expected loss Ansatz, der durch das vom IASB veröffentlichten ED/2013/3 „Financial Instruments: expected credit losses" den Regelungen des IFRS 9 hinzugefügt wurde.[187]

Grundsätzlich geben die Regelungen vor, dass in Bezug auf die Risiken eines finanziellen Vermögenswertes, die innerhalb der nach dem angesetzten Stichtag folgenden zwölf Monate zu erwarten sind, eine Vorsorge zu treffen ist, die GuV-wirksam berücksichtigt werden muss. Diese Risiken werden in IFRS 9 als „12-month expected credit losses" bezeichnet.[188]

Gleichzeitig verlangt das Modell, dass auch bei einer Erhöhung des Ausfallrisikos eines finanziellen Vermögenswertes seit dem erstmaligen Ansatz eine Risikovorsorge bezüglich der Verluste zu bilden ist, die während der gesamten Laufzeit zu erwarten sind. Diese Ausfallrisiken werden dabei als „lifetime expected losses" benannt.[189]

---

[184] Vgl. Friedhoff, M., u.a. (2013), S. 162.
[185] Vgl. Kapitel 2.4.2.2, S. 24 ff.
[186] Vgl. Lüdenbach, N., u.a. (2012 I), S. 1782.
[187] Vgl. PricewaterhouseCoopers (2012 I), abgerufen am 12.07.2013.
[188] Vgl. PricewaterhouseCoopers (2013), abgerufen am 16.07.2013.
[189] Vgl. KPMG (2013), abgerufen am 12.07.2013.

Das zur Feststellung einer solchen Änderung anzuwendende „expected loss model", gliedert sich in die folgenden drei verschiedenen Stufen der Risikoeinteilung:[190]

- Stufe 1: Beim Erstansatz erfolgt die Einordnung in diese Stufe, wobei eine Risikovorsorge in Höhe der zu erwartenden Verluste der folgenden zwölf Monate vorzunehmen ist (Erfassung der Zinserträge zum Bruttobuchwert)
- Stufe 2: In dieser Stufe werden Vermögenswerte erfasst, wenn sich seit dem Erstansatz das Ausfallrisiko signifikant erhöht hat, allerdings dafür keine objektiven Hinweise vorliegen; die dazu vorzunehmende Risikovorsorge richtet sich nach der Höhe der in der Restlaufzeit zu erwartenden Verluste (Erfassung der Zinserträge zum Bruttobuchwert)
- Stufe 3: Diese Stufe umfasst finanzielle Vermögenswerte, für die objektive Hinweise auf eine Wertminderung vorliegen, wobei die Risikovorsorge gleich der in Stufe 2 ist (Erfassung der Zinserträge zum Nettobuchwert)

Aus diesem „expected loss model" festzustellende Wertminderungen oder Wertaufholungen sind GuV-wirksam im Periodenergebnis zu erfassen.[191] Gewinne oder Verluste der ebenfalls nach der dargestellten Methode auf Wertminderungen zu prüfenden zum beizulegenden Zeitwert mit Wertänderungen im sonstigen Ergebnis zu bewertenden finanziellen Vermögenswerten, sind im sonstigen Gesamtergebnis zu erfassen. Eine Ausnahme davon bilden Zinserträge, Wertminderungen und Gewinne oder Verluste die aus Fremdwährungsumrechnungen resultieren, da diese GuV-wirksam zu erfassen sind.[192]

### 3.6 Bilanzierung finanzieller Verbindlichkeiten nach IFRS 9

Die Vorschriften des IFRS 9 umfassen neben den Regelungen zur Bilanzierung von finanziellen Vermögenswerten auch Regelungen zur Bilanzierung von finanziellen Verbindlichkeiten. Diese sind dem Standard nach in die drei Bewertungskategorien der zu fortgeführten Anschaffungskosten (at amortised costs) bewerteten finanziellen Verbindlichkeiten, der Kategorie der zum beizulegenden Zeitwert (at fair value) bewerteten finanziellen Verbindlichkeiten oder der Kategorie der zum beizulegenden Zeitwert mit

---
[190] Vgl. Flick Gocke Schaumburg Wirtschaftsprüfungsgesellschaft (2013), abgerufen am 12.07.2013.
[191] Vgl. Lüdenbach, N., u.a. (2012 I), S. 1783.
[192] Vgl. KPMG (2013 I), abgerufen am 12.07.2013.

Wertänderungen im sonstigen Ergebnis (fair value through other comprehensive income) bewerteten finanziellen Verbindlichkeiten einzuteilen.[193]

Die Voraussetzungen für eine Zuteilung einer finanziellen Verbindlichkeit zu einer der drei Bewertungskategorien folgen den Vorschriften des IFRS 9 zur Kategorisierung von finanziellen Vermögenswerten.[194]

Davon abweichend sind einzig auf das unternehmenseigene Kreditrisiko zurückzuführende Fair Value Änderungen von finanziellen Verbindlichkeiten, die nach der Nutzung der Fair Value Option als erfolgswirksam zum beizulegenden Zeitwert bewertet werden, erfolgsneutral im sonstigen Ergebnis zu berücksichtigen. Zusätzlich ist für diese Beträge ein Recycling durch eine erfolgswirksame Umbuchung nicht vorgesehen.[195]

### 3.7 Hybride Finanzinstrumente

Die Bilanzierung von hybriden Finanzinstrumenten[196] nach IFRS 9 sieht vor, dass das bilanzierende Unternehmen das hybride Finanzinstrument in seiner Gesamtheit zu beurteilen hat.[197]

Daraus folgt, dass hybride Finanzinstrumente, deren Basis einem finanziellen Vermögenswerte im Anwendungsbereich des IFRS 9 entspricht, in ihrer Gesamtheit nach dem Klassifizierungssystem für finanzielle Vermögenswerte des IFRS 9 zu klassifizieren sind.[198] Entspricht dagegen die Basis eines solchen hybriden Finanzinstrumentes nicht einem finanziellen Vermögenswert im Anwendungsbereich des IFRS 9, kann es bei nicht bestehen des durchzuführenden Cashflow Tests dazu kommen, dass dieses hybride Finanzinstrument direkt erfolgswirksam zum beizulegenden Zeitwert zu bilanzieren ist.[199]

### 3.8 Bilanzierung von Sicherungsbeziehungen (hedge accounting)

Die Regelungen des hedge accounting nach IFRS 9 sehen grundsätzlich vor, die Durchführung des hedge accounting als Wahlrecht darzustellen, welches unter Einhaltung der

---

[193] Vgl. Flick Gocke Schaumburg Wirtschaftsprüfungsgesellschaft (2012), abgerufen am 12.07.2013.
[194] Vgl. Kapitel 3.4, S. 36 ff.
[195] Vgl. Deloitte (2012 II), abgerufen am 22.07.2013.
[196] Vgl. Kapitel 2.6, S. 29 ff.
[197] Vgl. PricewaterhouseCoopers (2012 II), abgerufen am 22.07.2013.
[198] Vgl. Lüdenbach, N., u.a. (2012 II), S. 530.
[199] Vgl. PricewaterhouseCoopers (2012 II), abgerufen am 22.07.2013.

Dokumentationsanforderungen, welche insbesondere die Zielsetzung des Risikomanagements wiedergeben sollen, anzuwenden ist.[200] Außerdem lassen die Vorschriften des IFRS 9 zu, dass neben Grundgeschäften im Sinne des IAS 39[201] auch Risikokomponenten von nicht Finanzinstrumenten als solche deklariert werden können, wenn die Risikokomponente identifiziert und bewertet werden kann. Darüber hinaus erlauben die Vorschriften auch aggregierte Risikopositionen, die aus einem Grundgeschäft und einem Derivat bestehen, als Grundgeschäfte zu bilanzieren.[202] Zu dem Kreis der Sicherungsinstrumente im Sinne des IFRS 9 sind neben Derivaten auch nicht derivative Finanzinstrumente zu zählen, die erfolgswirksam zum beizulegenden Zeitwert bilanziert werden, wobei durch diese Regelung zeitgleich finanzielle Verbindlichkeiten, deren bonitätsinduzierte Zeitwertänderungen erfolgsneutral im sonstigen Ergebnis erfasst werden, ausgeschlossen werden. Darüber hinaus erlauben die Regelungen kombinierte Sicherungsinstrumente.[203] Zusätzlich räumen die Vorschriften des IFRS 9 den Anwendern die Möglichkeit ein, durch das so genannte „rebalancing" die Sicherungsquote einer Sicherungsbeziehung im Zeitverlauf anzupassen, um Veränderungen der Wechselwirkung von Grund- und Sicherungsgeschäft darstellen zu können.[204]

---

[200] Vgl. KPMG (2012 II), abgerufen am 13.07.2013.
[201] Vgl. Kapitel 2.7, S. 30 ff.
[202] Vgl. Ernst & Young (2012 I), abgerufen am 13.07.2013.
[203] Vgl. KPMG (2012 II), abgerufen am 13.07.2013.
[204] Vgl. Deloitte (2012 III), abgerufen am 23.07.2013.

## 4. Beurteilung der Vorschriften des IAS 39

Nachdem die Vorschriften des IAS 39 in Kapitel zwei dieser Arbeit detailliert dargestellt wurden, soll durch das vorliegende Kapitel eine Beurteilung der Vorschriften des IAS 39 vorgenommen werden. In diesem Zusammenhang erfolgt die Beurteilung des Standards in Bezug auf dessen Komplexität, da dies als Hauptkritikpunkt an den Vorschriften des IAS 39 gilt.[205]

Grundsätzlich ist die bemängelte Komplexität der Vorschriften allein schon durch den sich darbietenden Umfang von mehr als 300 Seiten begründet.[206]

Die konkreten, die Kritik der Komplexität begründenden, Mängel des Standards wurden dabei durch die Finanzmarktkrise in besonderem Maße erkennbar. Zusätzlich wird den nicht ausreichenden Regelungen des IAS 39 angelastet, die Dynamik der Krise angetrieben zu haben, weshalb eine Fortführung des IAS 39 in der geltenden Fassung als nicht mehr zeitgemäß erachtet wird.[207]

Aus diesem Grund erfolgt die sich anschließende Beurteilung des Standards anhand der Gesichtspunkte der Wertminderungskonzeption, der Klassifizierung von Finanzinstrumenten, der Fair-Value Bewertung und der bilanziellen Erfassung von Sicherungsgeschäften nach IAS 39.

### 4.1 Das Wertminderungskonzept nach IAS 39

Zu den in den Kontext der Kritik bezüglich der Komplexität einzuordnenden Mängeln gehören vor allem die in IAS 39 dargestellten Regelungen zur Erfassung von Wertminderungen, da diese nicht den Anforderungen, die durch die nach den IFRS bilanzierenden Unternehmen an ein zeitgemäßes Wertminderungsmodell gestellt werden, entsprechen.[208]

Grund dafür ist das in IAS 39 zur Feststellung einer Wertminderung eines finanziellen Vermögenswertes oder einem Portfolio gleicher Vermögenswerte zur Anwendung kommende „incurred-loss model". Dieses Modell berücksichtigt bei der Feststellung einer notwendigen Wertminderung nur vergangene Ereignisse, die eine Wertminderung

---

[205] Vgl. Deloitte (2011), abgerufen am 15.07.2013.
[206] Vgl. Lüdenbach, N. (2010 II), S. 411.
[207] Vgl. Leibfried, P., u.a. (2009), S. 469 ff.
[208] Vgl. Kirsch, H.J., u.a. (2012), S. 563 ff.

nach sich ziehen. Die Höhe der Wertminderung bemisst sich in diesem Modell nach dem eingetretenen Wertverlust.[209]

Auf den ersten Blick scheint diese Regelung plausibel, da die Wertminderung auf ein konkretes Ereignis zurückzuführen ist und die Höhe der Abschreibung dadurch vermeintlich genau festgelegt werden kann.

Eine allerdings gleichermaßen notwendige Betrachtung von zukünftig zu erwartenden Ereignissen, die eine Wertminderung nach sich ziehen könnten, bleibt aus. Dies betrifft vor allem Ausfallrisiken, die auch nach einer durchgeführten Wertminderung bestehen, falls zum Beispiel die Liquidität eines Schuldners auch über den Zeitpunkt der Wertminderung hinaus nicht als sicher gilt.

Des Weiteren werden durch das „incurred-loss modell" des IAS 39 die Maßnahmen des Risikomanagements, die zur Kompensierung einer solchen Ausfallwahrscheinlichkeit beitragen sollen, nicht im ausreichenden Maße bilanziell berücksichtigt.

Aufgrund dieser Unzulänglichkeiten des Wertminderungsmodells des IAS 39 sind Wertminderungen von finanziellen Vermögenswerten in der Finanzkrise durch die anwendenden Unternehmen in den meisten Fällen zu spät und nicht in der erforderlichen Höhe vorgenommen worden. Insbesondere Kreditinstitute sehen sich durch diese vergangenheitsbezogene Regelung zur Erfassung von Wertminderungen der Problematik ausgesetzt, dass die geltenden Vorschriften nicht den Anforderungen entsprechen, die zukünftigen Risiken einer realen Kreditvergabe korrekt zu erfassen beziehungsweise diese bei der Bewertung durch Wertminderung zu berücksichtigen.[210]

### 4.2 Die Klassifizierung nach IAS 39

Ein weiterer von vielen Seiten bemängelter Regelungsbereich, der die generelle Kritik eines zu hohen Komplexitätsgrades des IAS 39 betrifft, ist der Bereich der Regelungen zur Klassifizierung von Finanzinstrumenten.[211]

Zwar bietet der IAS 39 mit seinen vier Bewertungskategorien[212] den anwendenden Unternehmen durch sein breites Spektrum an Spezialfällen und Ausnahmeregelungen eine gute Möglichkeit, die Kategorisierung von Finanzinstrumenten verlässlich durchzufüh-

---

[209] Vgl. Kapitel 2.4.2.3, S.25.
[210] Vgl. Kirsch, H.J., u.a. (2012), S. 563 ff.
[211] Vgl. Wenk, M.O. (2010), S. 205 f.
[212] Vgl. Kapitel 2.3, S. 6 ff.

ren, doch spiegelt genau diese breite Darstellung von Regelungen zur Klassifizierung die im Zentrum der Diskussion stehende Komplexität des Standards wider.

Dies liegt im Besonderen daran, dass die Abgrenzungskriterien zwischen den einzelnen Kategorien für einen Teil der Finanzinstrumente nicht exakt bestimmt werden können, weshalb sich die genaue Einordnung für die Unternehmen teilweise als schwierig erweist.

Zusätzlich dazu wurden während der Finanzkrise insbesondere die Regelungen zur Umklassifizierung von Finanzinstrumenten als nicht ausreichend angesehen, da der IAS 39 eine Reklassifizierung von Finanzinstrumenten zwischen den einzelnen Kategorien stark einschränkt. Diese Einschränkung der Möglichkeiten einer Reklassifizierung stellte sich allerdings in der Finanzkrise für Kreditinstitute als besonders gravierend heraus, da eine Reklassifizierung von Finanzinstrumenten, deren beizulegender Zeitwert nicht mehr exakt ermittelt werden konnte, weil der zur Bestimmung des beizulegenden Zeitwertes notwendige aktive Markt nicht mehr bestand, nicht gestattet war.[213]

Um bereits zu einem frühen Zeitpunkt der Finanzmarktkrise der Kritik an den mangelnden Möglichkeiten einer Reklassifizierung zu begegnen, entschloss sich das IASB im Jahre 2008 dazu, die Voraussetzungen für eine Reklassifizierung von Finanzinstrumenten zwischen den einzelnen Bewertungskategorien zu überarbeiten.[214]

Durch diese Regeländerung wurde es den bilanzierenden Unternehmen erleichtert, bestimmte finanzielle Vermögenswerte, die in der Kategorie erfolgswirksam zum beizulegenden Zeitwert zusammengefasst wurden, in eine der anderen Bewertungskategorien umzubuchen, um Schwankungen des Wertes des entsprechenden reklassifizierten Finanzinstrumentes zu reduzieren und somit den tatsächlichen Wert besser widerspiegeln zu können.[215] Die Notwendigkeit dieser Neuregelung zeigt alleine der Wert der in 2008 reklassifizierten Finanzinstrumente. Einer Studie nach kam es so durch die Änderung zu einer Reklassifizierung von Finanzinstrumenten mit einem Gesamtwert - zum beizulegenden Zeitwert bewertet - von fast 450 Milliarden Euro.[216]

Allerdings ist diese Regeländerung trotz ihrer Notwendigkeit kritisch zu sehen, da es dadurch den bilanzierenden Unternehmen möglich gemacht wurde, abhängig von der

---

[213] Vgl. Ernst & Young (2009), abgerufen a, 15.07.2013.
[214] Vgl. PricewaterhouseCoopers (2008), abgerufen am 15.07.2013.
[215] Vgl. Zwirner, O. (2009), S. 353 ff.
[216] Vgl. Leibfried, P., u.a. (2009), S. 469 ff.

jeweiligen wirtschaftlichen Situation, die Vorteile einer Bewertungskategorie zu nutzen um gleichzeitig die mit der ursprünglichen Kategorie verbundenen Nachteile zu reduzieren. Der gebotene Spielraum für Maßnahmen der aktiven Bilanzpolitik wurde somit vergrößert.

### 4.3 Die Fair Value Bewertung nach IAS 39

Neben den beiden bereits dargestellten Teilbereichen der generellen Kritik an den Vorschriften des IAS 39, gilt darüber hinaus die Fair Value Bewertung[217] von Finanzinstrumenten als strittiger Teilbereich.

Bei der Betrachtung dieser Bewertungsgröße ist festzustellen, dass die Bewertung eines Finanzinstrumentes zum beizulegenden Zeitwert als theoretisches Konzept eine überlegene Variante gegenüber anderen Wertmaßstäben darstellt. Allerdings ist gleichzeitig zu bemängeln, dass die Qualität der zur Bestimmung des beizulegenden Zeitwertes heranzuziehenden Determinanten entscheidenden Einfluss auf die Genauigkeit der Bestimmung des Fair Value nehmen kann.[218]

Ein Beispiel der Probleme, die durch bestimmte Einflussfaktoren, wie beispielsweise der Finanzmarktkrise, entstehen können, ist die im vorherigen Kapitel dargestellte Problematik der vorgeschriebenen Bewertung eines Finanzinstrumentes zum beizulegenden Zeitwert, obwohl der zur Bestimmung des Wertes benötigte aktive Markt nicht länger vorhanden ist oder die am aktiven Markt erzielten Kurse durch eine wirtschaftliche Krisensituation massiv abgewertet werden. Zusätzlich führen die dafür anwendbaren Bewertungsmethoden nicht zu einer verlässlichen Feststellung des beizulegenden Zeitwertes.

Somit sind die bilanzierenden Unternehmen bei der Bewertung zum beizulegenden Zeitwert in der geschilderten Situation dazu gezwungen, das entsprechende Finanzinstrument auf einen überproportional niedrigen Wert abzuschreiben. Kommt es dadurch bei einem Unternehmen zu größeren Abschreibungen, die sich auch auf die Eigenkapitalausstattung auswirken, kann dies dazu führen, dass die Möglichkeiten, neue liquide Mittel bei einer Bank aufzunehmen, begrenzt werden, da sich die von der Bank angeforderten Kennzahlen massiv verschlechtern.

---

[217] Vgl. Kapitel 2.4.1, Seite 19 ff.
[218] Vgl. Wenk, M.O. (2010), S. 205 f.

Doch nicht nur in Situationen wie der andauernden internationalen Finanzkrise treten die Probleme der Fair Value Bewertung besonders zum Vorschein. Auch die Bestimmung des beizulegenden Zeitwertes unter der Voraussetzung, dass kein aktiver Markt existiert, birgt hohe Risiken für die IAS 39 anwendenden Unternehmen, da sich die Feststellung eines beizulegenden Zeitwertes durch die zur Anwendung kommenden Bewertungsmethoden als komplex darstellt.[219]

So sind bei solchen Konstellationen vor allem die zur Bestimmung des beizulegenden Zeitwertes notwendigen Determinanten der Bewertungsmethoden, wie zum Beispiel Vergleichswerte identischer Finanzinstrumente oder vergleichbarer Transaktionen, für die nach IAS 39 bilanzierenden Unternehmen teilweise nur schwer zu bestimmen. Desweiteren entsteht durch diesen Sachverhalt ein Spielraum für Bilanzpolitik, wodurch sich die Aussagekraft der dargestellten Abschlüsse einerseits verringern kann und andererseits die Unternehmen dazu gedrängt sind, möglichst umfangreiche Informationen über die Bestimmung der Größen zur Berechnung eines Fair Values im Anhang der Bilanz anzugeben.

### 4.4 Hedge accounting nach IAS 39

Ein Bereich, der besonders unter dem Aspekt der Komplexität und der damit in Verbindung stehenden Kosten- und Zeitintensität der Vorschriften des IAS 39 kritisiert wird, ist der der Vorschriften zur Bilanzierung von Sicherungsgeschäften, dem so genannten hedge accounting.

Kernkritikpunkte sind in diesem Zusammenhang die aufwendigen Dokumentationspflichten beim hedging und der übermäßig regelbasierte Ansatz, der diesbezüglichen Vorschriften des IAS 39.[220] Darüber hinaus wird von vielen anwendenden Unternehmen des hedge accounting nach IAS 39 die mangelnde Darstellung des Zusammenhanges zwischen der Strategie des Risikomanagements, die den Abschluss eines Vertrages über ein Sicherungsgeschäft begründenden Tatsachen und den daraus resultierenden Konsequenzen, die sich aus der Bilanzierung solcher Sicherungsinstrumente für die Aufstellung des Abschlusses ergeben, durch die Vorschriften des IAS 39 bemängelt.[221]

---

[219] Vgl. Zwirner, C. (2009), S. 353 ff.
[220] Vgl. Deloitte (2012 IV), abgerufen am 15.07.2013.
[221] Vgl. Ernst & Young (2012 I), abgerufen am 13.07.2013.

Diese Umstände führen insbesondere bei den Adressaten des Abschlusses zu Verständnisproblemen, da diese durch die nicht ausreichende Darstellung des eben beschriebenen Zusammenhanges nicht ausreichend über die durch das Risikomanagement ausgeübten Tätigkeiten informiert werden.[222]

---

[222] Vgl. PricewaterhouseCoopers (2012 III), abgerufen am 23.07.2013.

## 5. Vergleichende Betrachtung der Standards IAS 39 und IFRS 9

Die allgemeine Kritik an den Vorschriften des IAS 39 wurde im vorherigen Kapitel ausführlich dargestellt. Um prüfen zu können, ob die Neuregelungen des IFRS 9 die kritischen Bereiche des IAS 39 vollständig ausräumt, werden den in Kapitel 4 genannten Teilbereichen des IAS 39 die dazugehörigen Regelungen des IFRS 9 gegenübergestellt.

Wie schon bei der Beurteilung des IAS 39 erfolgt auch die sich anschließende Gegenüberstellung der Regelungsbereiche der Standards unter dem Gesichtspunkt der Komplexitätsreduktion, die vom IASB durch die Reformation der Vorschriften erreicht werden soll.

### 5.1 Das Wertminderungskonzept

Wie schon im vorherigen Kapitel beschrieben war das Konzept zur Feststellung von Wertminderungen finanzieller Vermögenswerte nach IAS 39, das so genannte „incurred-loss model"[223], eine äußerst umstrittene Form der Erfassung von wertmindernden Umständen. Vor allen Dingen die vergangenheitsbezogene Erfassung von sich aus einem finanziellen Vermögensgegenstand ergebenen Verlusten wird von vielen Kritikern als nicht ausreichend erachtet.

Dieser Umstand wurde insbesondere während der internationalen Finanzkrise durch zu spät vorgenommene Abschreibungen auf finanzielle Vermögenswerte deutlich, da durch den IAS 39 eine angemessene Risikovorsorge nicht vorgenommen wurde.

Um diesen Schwachstellen des Wertminderungskonzeptes nach IAS 39 zu begegnen, ergänzte das IASB durch die Veröffentlichung des ED/2013/3 „Financial Instruments: expected credit losses" die Regelungen des IFRS 9 um das „expected credit loss model" zur Erfassung von Wertminderungen.[224]

Dieses Modell stellt, im Gegensatz zum „incurred-loss model" des IAS 39, einen Ansatz dar, bei dem sowohl die möglichen Verluste, die seit dem erstmaligen Ansatzes des finanziellen Vermögenswertes auftreten können, zu erfassen sind („lifetime expected credit losses), als auch Ausfallrisiken, die in der Zukunft liegen („12-month expected credit losses").

---

[223] Vgl. Kapitel 2.4.2.3, S. 25.
[224] Vgl. Kapitel 3.5.2, S. 44 ff.

Die im gleichen Zug zu treffende Einteilung von finanziellen Vermögenswerten in Risikokategorien stellt eine weitere Neuerung dar, die dazu beiträgt, dass die Maßnahmen des Risikomanagements durch die Regelungen der internationale Rechnungslegung exakter in der Bilanz eines betreffenden Unternehmens dargestellt werden.

Diese grundlegende Änderung des Wertminderungsmodells stellt einen bedeutenden Vorteil der Regelungen des IFRS 9 gegenüber denen des IAS 39 dar. Durch die nun vorhandene Erfassung von vorhandenen und zukünftigen Risiken ist es den Unternehmen möglich, die Ausfallwahrscheinlichkeiten ihrer finanziellen Vermögenswerte genauer zu bestimmen und gleichzeitig eine diesbezügliche Risikovorsorge zu treffen, die die gesamte Laufzeit des Vermögenswertes berücksichtigt.

Zwar ist dies für die bilanzierenden Unternehmen mit einem Mehraufwand verbunden, doch spiegelt die Methodik die Ausfallrisiken von finanziellen Vermögenswerten der Realwirtschaft zeitgemäß wider.

Ein darauf bezogenes Beispiel der Vorteile, trotz des zusätzlichen Aufwandes, der frühzeitigen Erfassung von Ausfallrisiken des neuen Modells, bildet die Erfassung von Wertminderungen von Krediten im Privatkundenbereich, da nach der neuen Methodik anhand von verlässlichen Informationen oder historischen Ausfalldaten eine frühzeitige Risikovorsorge zu treffen ist, die Wertberichtigungen nicht nur aufgrund von bereits eigetretenen Ausfallereignissen verlangt, sondern zur Feststellung einer Abschreibung auch zukünftige Ereignisse mit einbezieht.[225]

Auch Kritik, die eine nicht ausreichende Reduktion der Komplexität der Bilanzierung von Finanzinstrumenten in diesem Zusammenhang bemängelt, scheint aufgrund der in der Finanzkrise aufgetretenen Mängel eines zu Einseitig ausgerichteten Wertminderungskonzeptes als nicht korrekt. Stattdessen sollte die Konzeption zur Wertminderung des IFRS 9 als bedeutende Verbesserung begriffen werden, die dazu beitragen wird, Ausfallrisiken finanzieller Vermögenswerte präziser einzuschätzen und in der Folge besser auf durchzuführende Abschreibungen des Wertes reagieren zu können.

---

[225] Vgl. PricewaterhouseCoopers (2013), abgerufen am 16.07.2013.

## 5.2 Die Klassifizierung von Finanzinstrumenten

Eine der offensichtlichsten Regeländerungen im Zuge des Reformprojektes des IASB zur Erarbeitung des IFRS 9 wurde im Bereich der Klassifizierung von Finanzinstrumenten vorgenommen.

Gab es unter den Regelungen des IAS 39 noch, die von vielen Kritikern wegen ihrer Komplexität beanstandeten, vier Bewertungskategorien zur Einordnung von Finanzinstrumenten, sehen die Vorschriften des IFRS 9 nur noch die drei zur Klassifizierung zur Verfügung stehenden Kategorien bewertet zu fortgeführten Anschaffungskosten (at amortised costs), bewertet zum beizulegenden Zeitwert (at fair value) und bewertet zum beizulegenden Zeitwert mit Wertänderungen im sonstigen Ergebnis (fair value through other comprehensive income) vor.[226]

Die durch diese Neuregelung erfolgte Abkehr vom System der vier Bewertungskategorien trägt nachhaltig dazu bei, die Komplexität des Standards zu reduzieren, da nun die Art der Folgebewertung integraler Bestandteil der Bewertungskategorien ist und dadurch die Zuordnung für die anwendenden Unternehmen transparenter wird.

Darüber hinaus wurden die Merkmale, die ein Vermögenswert aufweisen muss, um in eine der Kategorien eingeordnet zu werden, deutlich überarbeitet. Nach den neuen Regelungen sind das Geschäftsmodell sowie die Vereinnahmung von Tilgungs- und Zinsströmen die beiden zentralen Merkmale die zur Zuordnung herangezogen werden müssen.[227]

Auch dies stellt gegenüber den alten Regelungen eine Verbesserung dar, da sich die Zuordnung anhand des Geschäftsmodells direkt nach der strategischen Zielvorgabe richtet, die ein nach IFRS 9 bilanzierendes Unternehmen durch seine Finanzinstrumente verfolgt. Gleichzeitig wird die Aussagekraft der in der Bilanz dargestellten Sachverhalte bezüglich der Finanzinstrumente gesteigert. Dies wird insbesondere dadurch bedingt, dass durch die Zuordnungskriterien des Geschäftsmodells und der Zahlungsströme ein direkter Bezug zu den realwirtschaftlichen Verhältnissen der betreffenden Finanzinstrumente hergestellt wird.

Im Zuge der Neuregelung der Klassifizierung von Finanzinstrumenten wurden ebenfalls die Vorschriften zur Umgliederung eines finanziellen Vermögenswertes dahingehend

---

[226] Vgl. Kapitel 3.4, S. 36 ff.
[227] Vgl. Kapitel 3.4, S. 36 ff.

geändert, dass einerseits eine Reklassifizierung nur durchgeführt werden darf, wenn sich das Geschäftsmodell, unter dem das betreffende Finanzinstrument zum Zugangszeitpunkt angesetzt wurde, geändert hat und dass andererseits die durch die Dringlichkeit der Finanzmarktkrise im Jahre 2008 eingeführte Regelung zur Reklassifizierung von Finanzinstrumenten abgeschafft wird.[228]
Ähnlich wie die schon angemerkten positiven Effekte einer Klassifizierung anhand des Geschäftsmodells stellt diese Neuregelung ebenfalls eine Erleichterung für die bilanzierenden Unternehmen dar, da die Regelungen des IFRS 9 auch konkrete Anwendungsfälle beinhalten, unter denen eine Reklassifizierung durchzuführen ist.[229] Diese Anwendungsfälle trennen präzise zwischen solchen Anlässen, durch die eine Reklassifizierung eines finanziellen Vermögenswertes nicht vollzogen werden muss und solchen die eine Reklassifizierung zwingend erfordern.

### 5.3 Die fair value Bewertung

Ein Bereich, bei dem es durch das Reformprojekt des IASB keine weitreichenden Veränderungen gab, ist der Bereich der Fair Value Bewertung.
Im Rahmen der Fair Value Bewertung wurden die Regelungen zur Ermittlung des beizulegenden Zeitwertes des neuen IFRS 9 aus den Regelungen des IAS 39 übernommen. Eine größere Geltungskraft erfuhr die Fair Value Bewertung im Rahmen der Neuordnung der Bewertungskategorien, da eine der Kategorien als „at fair value" bezeichnet wird und daher ein direkter Bezug auf die Bewertungsmethode genommen wird.[230]
Bei der Fair Value Option kam es ebenfalls zu keinen wesentlichen Regeländerungen. Einzig die Aussagekraft der Voraussetzung, dass die fair value Bewertung nur zur Anwendung kommen darf, wenn dies der Reduktion beziehungsweise der Eliminierung von Bewertungsinkonsistenzen, den so genannten „accounting mismatches", führt.

### 5.4 Hedge Accounting

Wie schon im Rahmen der Beurteilung der Vorschriften bezüglich des hedge accounting nach IAS 39 bemerkt, bildet dieser Teil des Regelwerkes einen der meist diskutierten Bereiche der internationalen Rechnungslegung. Insbesondere die mit der

---

[228] Vgl. Wenk, M.O. (2010), S. 205-206.
[229] Vgl. Kapitel 3.4.4, S. 41.
[230] Vgl. Kapitel 3.4.3, S. 40.

Komplexität in Verbindung stehenden Kritikpunkte der zeit- und kostenintensiven Anwendung der Vorschriften gelten als zentral.[231]

Um diese Mängel zu beseitigen, wurde im Rahmen des Reformprojekts des IAS 39 zur Erarbeitung des IFRS 9, das hedge accounting in der dritten Phase des Projektes neu strukturiert.

Kommt es nun zu einem Vergleich der Regelungen des IAS 39 mit den Regelungen des IFRS 9 ist festzustellen, dass durch die Überarbeitung der Vorschriften und dem damit in Verbindung stehenden Wegfall von behindernden Restriktionen für Unternehmen mehr Möglichkeiten geschaffen wurden, das hedge accounting durchführen zu können. Daher bietet das überarbeitete hedge accounting nach IFRS 9 den Unternehmen die Chance, die Kompatibilität der vorhandenen Risikomanagementstrategie zu den Regelungen zu überdenken und danach die Sinnhaftigkeit des hedge accounting im Einzelfall neu zu bewerten, da eben diese nicht vorhandene Vereinbarkeit für viele Unternehmen bisher die Durchführung von hedge accounting nicht zuließ.[232]

Darüber hinaus wurde die Anwendbarkeit des hedge accountings zum Beispiel dadurch entscheidend verbessert, dass sich die Voraussetzungen für eine wirksame Effektivität einer Sicherungsbeziehung im Sinne des IFRS 9 künftig direkt am Risikomanagement des entsprechenden Unternehmens orientieren und somit die Praktik der retrospektiven Messung der Effektivität den Regelungen entnommen wurde. Ein anderes Beispiel für die Vergrößerung der Möglichkeiten für hedge accounting - auch bei nicht Banken - bildet darüber hinaus die Option, auch Risikokomponenten bei nicht finanziellen Vermögenswerten genau bestimmen zu können.[233]

Insgesamt sind die neuen Regelungen bezüglich des hedge accounting nach IFRS 9 positiv zu bewerten, da einerseits die Einsatzmöglichkeiten der Vorschriften erweitert wurden und andererseits die von vielen Anspruchsgruppen als nicht ausreichend kritisierte Ausrichtung des hedge accounting an den internen Risikomanagementstrategien dadurch überarbeitet wurde, dass nun eine strikte Orientierung des hedge accounting an den Gegebenheiten des Risikomanagements angestrebt wird.

---

[231] Vgl. Kapitel 4.4, S. 52.
[232] Vgl. PricewaterhouseCoopers (2012 III), abgerufen am 23.07.2013.
[233] Vgl. Ernst & Young (2012 II), abgerufen am 24.07.2013.

# 6. Verbleibende Kritik an den Regelungen zur Bilanzierung von Finanzinstrumenten nach IFRS 9

Wie durch das vorangegangene Kapitel dargestellt, ist das IASB durch die Erarbeitung der Vorschriften des IFRS 9 auf die wesentlichen Kritikpunkte, die an den Regelungen des IAS 39 geübt wurden, eingegangen. Allerdings ist gleichermaßen zu berücksichtigen, dass nicht alle Regelungsbereiche des neu erarbeiteten IFRS 9 bei den anwendenden Unternehmen beziehungsweise Instituten auf breite Zustimmung stoßen.

Grundsätzlich wird kritisiert, dass die nach den IFRS bilanzierenden Unternehmen durch die Neuregelung des IAS 39 durch den IFRS 9, zum Beispiel durch die genaue Bestimmung des Geschäftsmodells oder den erhöhten Analyse- und Umstellungsaufwand, belastet werden.[234]

Insbesondere die durch den ED/2012/4 „Klassifizierung und Bewertung: Begrenzte Änderungen an IFRS 9" veröffentlichten Änderungen stehen in der Kritik, da die Erweiterung der Bewertungskategorien um die Kategorie der zum beizulegenden Zeitwert mit Wertänderungen im sonstigen Ergebnis (fair value through other comprehensive income)[235] zu bewertenden Finanzinstrumente nicht als zielführend beurteilt wird. So reagierte beispielsweise das IDW auf die vorgeschlagenen Abänderungen des Regelwerkes des IFRS 9 mit einer Stellungnahme, in der kritisiert wird, dass diese Erweiterung der Bewertungskategorien nicht dem übergeordneten Ziel der Reduktion der Komplexität der Vorschriften entspricht und dass sich das neue Geschäftsmodell nicht zuverlässig durch die in IFRS 9 aufgezeigten Anwendungsfälle abgrenzen lässt.[236]

Da diese in IFRS 9 aufgezählten Anwendungsfälle allerdings nicht den vollen Umfang einer möglichen Änderung des Geschäftsmodells beinhalten können, bleibt es dem bilanzierenden Unternehmen überlassen, in Spezialfällen die Einordnung eines finanziellen Vermögenswertes in eine der Bewertungskategorien in genauer Absprache mit dem zuständigen Abschlussprüfer vorzunehmen.

Ein weiterer Bereich, der auch weiterhin in der Kritik steht, betrifft die Regelungen zur Bilanzierung von Sicherungsbeziehungen, dem so genannten hedge accounting.[237] Vor allem stellt sich in Bezug auf die durch das IASB angestrebte Komplexitätsreduktion

---

[234] Vgl. PricewaterhouseCoopers (2010), abgerufen am 29.07.2013.
[235] Vgl. Kapitel 3.4.2, S. 39 ff.
[236] Vgl. IDW (2013), abgerufen am 29.07.2013.
[237] Vgl. Kapitel 3.8, S.47.

die Frage, ob diese durch die Neuregelungen des hedge accounting erreicht wird, da zum Beispiel die umfangreichen Dokumentationspflichten, die für die Bilanzierung eines Sicherungsgeschäftes im hedge accounting gefordert werden, weiterhin bestehen bleiben und für die anwendenden Unternehmen immer noch eine Hürde darstellen.

Darüber hinausgehende Kritik an den Regelungen des IFRS 9 zum hedge accounting übt zum Beispiel das DRSC in seinem Schreiben aus dem November 2012, in dem es die folgenden vier Hauptkritikpunkte nennt:[238]

- die modifizierte fair value option führt zur Komplexitätssteigerung und ist mit den Vorschriften des fair value nicht zu vereinbaren
- Absicherungen von unter dem LIBOR verzinsten Finanzinstrumenten sind im Rahmen des hedge accounting nicht gestattet
- möglicher Ausweis einer Ineffektivität im Rahmen der Effektivitätsmessung von Basisrisiken, obwohl diese nicht besteht, wenn zum Beispiel nur das Grundgeschäft diskontiert wird, nicht aber das Sicherungsgeschäft
- Parallelität zwischen den hedge accounting Vorschriften des IAS 39 und den Regelungen des IFRS 9

Dies zeigt, dass die Regelungen des IFRS 9 für das hedge accounting immer noch Überarbeitungsbedarf aufweisen.

---

[238] Vgl. DRSC (2012), abgerufen am 29.07.2013.

## 7. Fazit und Ausblick

Zusammenfassend ist festzustellen, dass die Bilanzierung von Finanzinstrumenten nach den Regelungen der IFRS immer noch einer der strittigsten Punkte der internationalen Rechnungslegung ist und bleiben wird.

Dies ist besonders dadurch bedingt, dass die Rechnungslegung für Finanzinstrumente immer nur als eine Reaktion auf die Entwicklung von Finanzprodukten gesehen werden kann, nicht aber als integraler Bestandteil dieses Prozesses.

Doch zeigen Beispiele, wie die internationale Finanzmarktkrise, dass diese parallele Anordnung nicht weiter Bestand haben kann. Vielmehr sollte es dazu kommen, dass die Standardsetter in den Prozess der Entwicklung von Finanzprodukten einbezogen werden, da bei einer gemeinsamen Entwicklung die Bilanzierungsrichtlinien direkt an die Eigenschaften des Finanzproduktes angepasst werden können.

Für die nach IFRS bilanzierenden Unternehmen ergibt sich dadurch erst einmal ein immer noch umfangreiches Regelwerk zur Bilanzierung von Finanzprodukten, doch sollte dieser Detaillierungsgrad nicht als Hindernis gesehen werden, sondern eher als Chance, die im Unternehmen vorhandenen Finanzinstrumente möglichst detailliert abbilden zu können.

Ein abschließend bewertendes Bild bezüglich der Anwenderfreundlichkeit der neuen Regelungen lässt sich dabei allerdings erst abgeben, nachdem die Vorschriften auch offiziell für die nach IFRS bilanzierenden Unternehmen verpflichtend werden.

Das damit in Verbindung stehende generelle Eintrittsdatum der neuen Regelungen des IFRS 9, welches auf den 01. Januar 2015 terminiert wurde, ist fraglich, da Stellungnahmen wie die des IDW[239] oder das immer noch ausstehende Endorsement der EU zeigen, dass der neue IFRS 9 von vielen Anspruchsgruppen immer noch kritisch gesehen wird.[240]

---

[239] Vgl. Kapitel 6, S. 58 ff.
[240] Vgl. Ernst & Young (2012 III), abgerufen am 29.07.2013.

**Literaturverzeichnis**

- Achleitner A.K., Behr, G., Schäfer, D. (2011): Internationale Rechnungslegung – Grundlagen, Einzelfragen und Praxisanwendungen, 4.Aufl., München 2011

- Althoff, F. (2012): Einführung in die internationale Rechnungslegung – Die einzelnen IAS/IFRS, 1.Aufl., Wiesbaden 2012

- Baetge, J., Kirsch, H.J., Thiele, S. (2007): Bilanzen, 9.Aufl., Düsseldorf 2007

- Ballwieser, W., Beine, F., Hayn, S., Peemöller, V., Schruff, L., Veber, C.P. (2010): Handbuch IFRS 2010, 6.Aufl., Weinheim 2010

- Berentzen, C. (2010): Die Bilanzierung von finanziellen Vermögenswerten im IFRS-Abschluss nach IAS 39 und nach IFRS 9, Diss., Lohmar – Köln 2010

- Beyer, S. (2008): IFRS: Finanzinstrumente – Bilanzierung, Darstellung, Ausweis, 1.Aufl., Berlin 2008

- Bieg, H., Kußmaul, H., Waschbusch, G. (2012): Externes Rechnungswesen, 6.Aufl., München 2012

- Breidthardt, J. (2008): Die Behandlung ausgewählter derivativer Finanzinstrumente und mezzanine Finanzierungsformen, 1.Aufl., Paderborn 2008

- Brösel, G., Zwirner, C. (2009): IFRS-Rechnungslegung, 2.Aufl., München 2009

- Buchholz, R. (2012): Internationale Rechnungslegung: Die wesentlichen Vorschriften nach IFRS und HGB – mit Aufgaben und Lösungen, 10.Aufl., Berlin 2012

- Buschhüter, M., Striegel, A. (2009): Internationale Rechnungslegung IFRS Praxis, 1.Aufl., Wiesbaden 2009

- Buschhüter, M., Striegel, A. (2011): Kommentar Internationale Rechnungslegung IFRS, 1.Aufl., Wiesbaden 2011

- Canaris, C.W., Habsersack, M., Schäfer, C. (2011): §§290-315a; Anhang IFRS, 5.Aufl., Berlin Boston 2011

- Deloitte (2011): IAS Plus: IFRS 9 – Ein Praxisleitfaden für Finanzdienstleister, abgerufen am 15.07.2013, http://www.google.de/url?sa=t&rct=j&q=ifrs%209%20kritik&source=web&cd=12&ved=0CDEQFjABOAo&url=http%3A%2F%2Fwww.iasplus.com%2Fen%2Fpublications%2Fgermany%2Fother%2Fifrs-9-finanzinstrumente%2Fat_download%2Ffile&ei=d9vjUbTFCMGWPaWMgZAI&usg=AFQjCNGBotmNmDuxvUcAaEtTjqT-c1lOyQ&bvm=bv.48705608,d.Yms&cad=rja

- Deloitte (2012 I): IAS Plus: IASB veröffentlicht Vorschläge in Bezug auf begrenzte Änderungen an IFRS 9, abgerufen am 12.07.2013, http://www.iasplus.com/de/news/2012/november/iasb-publishes-proposals-for-limited-amendments-to-ifrs-9

- Deloitte (2012 II): IFRS fokussiert: Klassifizierung und Bewertung von Finanzinstrumenten – begrenzte Änderungen an IFRS 9, abgerufen am 22.07.2013, http://www.google.de/url?sa=t&rct=j&q=&esrc=s&source=web&cd=6&ved=0CE0QFjAF&url=http%3A%2F%2Fwww.iasplus.com%2Fen%2Fpublications%2Fgermany%2Fifrs-fokussiert%2Fifrs-fokussiert-2014-klassifizierung-und-bewertung-von-finanzinstrumenten-2013-begrenzte-anderungen-an-ifrs-9%2Fat_download%2Ffile&ei=sTftUZTsJ47Nsgb-iYCABA&usg=AFQjCNHYsg2Po1nPaN8DmJhybbu2jOZEgQ&bvm=bv.49478099,d.Yms&cad=rja

- Deloitte (2012 III): IFRS fokussiert: Hedge Accounting – Ablösung der bisherigen Vorschriften steht kurz bevor, abgerufen am 23.07.2013, http://www.google.de/url?sa=t&rct=j&q=hedge%20accounting%20ifrs%209&source=web&cd=1&ved=0CDkQFjAA&url=http%3A%2F%2Fwww.iasplus.com%2Fde%2Fpublications%2Fgerman-publications%2Fifrs-fokussiert-newsletter%2F2012%2Fifrs-fokussiert-hedge-accounting-abloesung-der-bisherigen-vorschriften-steht-kurz-

bevor%2Fat_download%2Ffile&ei=CqfuUfTrI_TY4QTZoICQAg&usg=AFQjCN FAIGQ_jE0-YKoyJkSzLqV7pp62Sw&bvm=bv.49641647,d.bGE&cad=rja

- Deloitte (2012 IV): Finanzinstrumente – Macro Hedge Accounting, abgerufen am 15.07.2013, http://www.iasplus.com/de/projects/finanzinstrumente-macro-hedge-accounting

- DRSC (2012): DRSC Stellungnahme zu den Regelungne des hedge accounting in IFRS 9, abgerufen am 29.07.2013, http://www.drsc.de/docs/press_releases/2012/121112_CL_IFRS-FA_RD_HedgeAcc.pdf

- DRSC (2013 I): IAS 39 Replacement (2): Impairment, abgerufen am 09.07.2013, http://www.drsc.de/service/projects/details/index.php?ixprj_do=details&ixprj_lang=de&prj_id=5

- DRSC (2013 II): IAS 39 Replacement (3): Hedge Accounting, abgerufen am 09.07.2013, http://www.drsc.de/service/projects/details/index.php?ixprj_do=details&ixprj_lang=de&prj_id=6

- Dürr, U.L. (2007): Mezzanine-Kapital in der HGB- und IFRS-Rechnungslegung, 1.Aufl., Berlin 2007

- Eller, R., Heinrich, M., Perrot, R., Reif, M. (2010): Kompaktwissen Risikomanagement, 1.Aufl., Wiesbaden 2010

- Ernst & Young (2009): IFRS Outlook: Überblick über die internationalen Rechnungslegungsvorschriften, I. Quartal 2009, abgerufen am 15.07.2013, http://www2.eycom.ch/publications/items/ifrs/olk/200903_outlook_q1/200903_ey_ifrs_outlook_q1.pdf

- Ernst & Young (2012 I): Hedge Accounting nach IFRS 9: Ein tiefer Blick auf die Vorschläge und die damit verbundenen Herausforderungen, abgerufen am

13.07.2013,
http://www.ey.com/Publication/vwLUAssets/Hedge_Accounting_nach_IFRS_9/$FILE/Hedge%20Accounting%20nach%20IFRS%209.pdf

- Ernst & Young (2012 II): IFRS Practical Matters – Das allgemeine Projekt zur Bilanzierung von Sicherungsbeziehungen ist auf der Zielgerade, abgerufen am 24.07.2013,
http://www.ey.com/Publication/vwLUAssets/IFRS_Practical_Matters_4._Ausgabe/$FILE/IFRS%20Practical%20Matters%20September%202012.pdf

- Ernst & Young (2012 III): IFRS outlook – Ausgabe IV. Quartal 2012, abgerufen am 29.07.2013,
http://www.ey.com/Publication/vwLUAssets/Newsletter_IFRS_outlook_IV_Quartal_2012/$FILE/IFRS%20outlook%20IV.%20Quartal%202012.pdf

- Ernst & Young (2013): EFRAG Endorsement Status (Stand: 17. Juli 2012), abgerufen am 29.07.2013, http://www.ey.com/DE/de/Issues/IFRS/EFRAG-Endorsement-Status

- Federmann, R. (2006): IAS / IFRS – stud., 3.Aufl., Berlin 2006

- Felsenheimer, J., Mirth, J., Klopfer, W., von Altenstadt, U. (2011): Kreditmärkte im Wandel – Märkte, Modellierung und regulatorisches Umfeld in der Post-Lehman Ära, 1.Aufl., Weinheim 2011

- Flick Gocke Schaumburg Wirtschaftsprüfungsgesellschaft (2012): Accounting Update Nr. 3/2012: Vorschlag der Einführung einer neuen IFRS 9 Bewertungskategorie für finanzielle Schuldinstrumente, abgerufen am 12.07.2013,
http://www.fgs.de/fileadmin/user_upload/PDFs/Accounting_Update/FGS_Accounting_Update__Nr._3-2012.pdf

- Flick Gocke Schaumburg Wirtschaftsprüfungsgesellschaft (2013): Accounting Update Nr. 1/2013: IASB veröffentlicht neuen Standardentwurf (ED/2013/3) zum Impairment von Finanzinstrumenten, abgerufen am 12.07.2013, http://www.fgs.de/fileadmin/user_upload/PDFs/Accounting_Update/FGS_Accounting_Update_Nr._1-2013.pdf

- Friedhoff, M., Berger, J. (2013): Financial Instruments: IAS 32 und IAS 39, 1.Aufl., Heidelberg 2013

- Funk, W., Rossmanith, J. (2008): Internationale Rechnungslegung und Internationales Controlling – Herausforderungen, Handlungsfelder, Erfolgspotentiale, 1.Aufl., Wiesbaden 2008

- Grabo, T. (2009): Bilanzpolitische Instrumentarien zur Beeinflussung eines Abschlusses nach IAS/IFRS, 1.Aufl., Hamburg 2009

- Grünberger, D. (2008): IFRS 2008 – Ein systematischer Praxis Leitfaden, 6.Aufl., Hamm 2008

- Henkel, K. (2011): Eine unternehmenstypenspezifische Synopse der Rechnungslegungsunterschiede von Finanzinstrumenten nach IFRS und HGB, Diss., Norderstedt 2011

- Heno, R. (2006): Jahresabschluss nach Handelsrecht, Steuerrecht und internationalen Standards (IFRS), 5.Aufl., Heidelberg 2006

- Henselmann, K., Klein, M. (2010): Fallstudien Jahresabschluss IFRS und HGB, 1.Aufl., Norderstedt 2010

- IDW (2013): IDW zu den vom IASB vorgeschlagenen Änderungen an IFRS 9 (2010), abgerufen am 29.07.2013, http://www.idw.de/idw/portal/d629434

- Kalk, U. (2008): Fair Value Accounting von Finanzinstrumenten in der internationalen Rechnungslegung, Diss., Köln 2008

- Käufer, A. (2009): Übertragung finanzieller Vermögenswerte nach HGB und IAS 39, 1.Aufl., Berlin 2009

- Kholmy, K. (2011): Die aktuellen Reformen zu IFRS 9 – eine kritische Würdigung der Stellungnahme zum ED/2009/7, in: Kapitalmarktorientierte Rechnungslegung 2011, Nr. 2, S. 79 – 88

- Kirsch, H. (2007): Einführung in die internationale Rechnungslegung nach IFRS, 4.Aufl., Rheinbreitbach 2007

- Kirsch, H.J., Olbrich, A., Dettenrieder, D. (2012): Die Vorschläge des IASB zu den künftigen Wertminderungsvorschriften des IFRS 9 vor dem Hintergrund der qualitativen Anforderungen des Conceptual Framework, in KoR – Kapitalmarktorientierte Rechnungslegung, Heft 12, S. 563 – 571

- KPMG (2012 I): IASB veröffentlicht Entwurf zu begrenzten Änderungen der Phase 1 des IFRS 9, abgerufen am 11.07.2013, http://www.kpmg.de/Themen/35023.htm

- KPMG (2012 II): IFRS 9 – Der Standardentwurf des IASB zu Hedge Accounting, abgerufen am 13.07.2013, http://www.kpmg.de/docs/Update_Hedge_Accounting_sec.pdf

- KPMG (2013 I): Accounting News Ausgabe Februar 2013, abgerufen am 12.07.2013, http://www.kpmg.de/docs/Accounting_News_0213_sec.pdf

- KPMG (2013 II): Accounting News Ausgabe April 2013, abgerufen am 12.07.2013, http://www.kpmg.at/uploads/media/AN_2013_3_01.pdf

- KPMG (2013 III): IASB veröffentlicht Entwurf zu Änderung an IFRS 9, abgerufen am 11.07.2013, http://www.kpmg.de/Themen/36604.htm

- Kuhn, S., Scharpf, P. (2006): Rechnungslegung von Financial Instruments nach IFRS, 3.Aufl., Stuttgart 2006

- Kühnberger, M. (2007): IFRS-Leitfaden Mittelstand – Grundlagen, Einführungen und Anwendung der internationalen Rechnungslegung, 1.Aufl., Berlin 2007

- Leibfried, P., Jaskolski, T. (2009): Der neue Vorschlag des IASB zur Klassifikation von Finanzinstrumenten - Schnellschuss oder dauerhafte Lösung?, in IRZ Zeitschrift für internationale Rechnungslegung 2009, Heft 4, S. 469-474.

- Lüdenbach, N., Christian D. (2010 i): IFRS Essentials, 1.Aufl., Herne 2010

- Lüdenbach, N. (2010 II): IFRS – Der Ratgeber zur erfolgreichen Anwendung von IFRS, 6. Aufl., Freiburg 2010

- Lüdenbach, N., Hoffmann, W.D. (2012 I): Haufe IFRS Kommentar, 10.Aufl., Freiburg 2012

- Lüdenbach, N., Christian D. (2012 II): IFRS Essentials, 2.Aufl., Herne 2010

- Lühn M. (2013): Genussrechte – Grundlagen, Einsatzmöglichkeiten, Bilanzierung und Besteuerung, 1.Aufl., Wiesbaden 2013

- Molzahn, S. (2008): Die Bilanzierung strukturierter Produkte nach IFRS im europäischen Konzernabschlüssen, 1.Aufl., Bremen 2008

- Nguyen, T. (2008): Rechnungslegung von Versicherungsunternehmen, 1.Aufl., Freiburg 2008

- Olbrich, A. (2012): Wertminderungen von finanziellen Vermögenswerten der Kategorie „Fortgeführte Anschaffungskosten" nach IFRS 9, Diss., Köln 2012

- Padberg T. (2008): IFRS: Vorräte, Fertigungsaufträge, Forderungen – Bilanzierung und Darstellung, 1.Aufl., Berlin 2008

- Pellens, B., Fülbier, R.U., Gassen, J., Sellhorn, T. (2011): Internationale Rechnungslegung: IFRS 1 bis 9, IAS 1 bis 41, IFRIC-Interpretationen, Standardentwürfe mit Beispielen, Aufgaben und Fallstudien, 8.Aufl., Stuttgart 2011

- PricewaterhouseCoopers (2008): IFRS aktuell: Neues aus der internationalen Rechnungslegung, abgerufen am 15.07.2013, http://www.pwc.com/at/en/newsletter/ifrs/pwc_ifrs_aktuell_2008_11.pdf

- PricewaterhouseCoopers (2010): Accounting of the Future – IFRS 9: Klassifizierung und Bewertung finanzieller Vermögenswerte, abgerufen am 29.07.2013, http://www.pwc.de/de_DE/de/accounting-of-the-future/assets/Aktionsplan-IFRS-9.pdf

- PricewaterhouseCoopers (2012 I): IFRS direkt vom November 2012: IASB schlägt begrenzte Änderungen an IFRS 9 vor, abgerufen am 11.07.2013, http://www.pwc.de/de/newsletter/kapitalmarkt/assets/ifrs_direkt_ed_2012_4.pdf

- PricewaterhouseCoopers (2012 II): IFRS für die Praxis, abgerufen am 22.07.2013, http://www.pwc.com/at/de/newsletter/ifrs/2012/ifrs-fuer-die-praxis-leitfaden-juni-2012.pdf

- PricewaterhouseCoopers (2012 III): IFRS direkt vom September 2012: IASB veröffentlicht Review Draft zur Bilanzierung von Sicherungsbeziehungen, abgerufen am 23.07.2013, http://www.pwc.com/at/de/newsletter/ifrs/2012/ifrs-direkt-september-2012.pdf

- PricewaterhouseCoopers (2013): IFRS direkt April 2013: IASB veröffentlicht Standardentwurf zu Wertminderungen von finanziellen Vermögenswerten, abgerufen am 12.07.2013, http://www.pwc.com/at/de/newsletter/ifrs/2013/standardentwurf-zu-wertminderungen-des-iasb-ifrs-direkt-04-2013.pdf

- RBS Roever Broenner Susat (2012): IFRS Newsletter 4/2012: IASB veröffentlicht Entwurf zu Änderungen von IFRS 9 Finanzinstrumente, S. 7, abgerufen am 12.07.2013, http://www.rbs-partner.de/uploads/media/Newsletter_IFRS_4_12.pdf

- Rapp, M., Wullenkord, A. (2011): Unternehmenssteuerung durch den Finanzvorstand (CFO) – Aktuelle Herausforderungen und Lösungen, 1.Aufl., Wiesbaden 2011

- Rubin, H., Reimler, T., Meyer, L. (2011): IFRS 9 – die Neudarstellung der Aktivseite von Banken, in KoR – Zeitschrift für internationale und kapitalmarktorientierte Rechnungslegung 2011, Heft 11, S. 559 – 566

- Schmid, M. (2012): Prognosefähiger Erfolg nach IAS/IFRS, Diss., Wiesbaden 2012

- Schmitz, F., Huthmann, A. (2012): Bilanzierung von Finanzinstrumenten: IAS/IFRS und BilMoG, 1.Aufl., Wiesbaden 2012

- Schwarz, C. (2006): Derivative Finanzinstrumente und Hedge Accounting – Bilanzierung nach HGB und IAS 39, 1.Aufl., Berlin 2006

- Stauber, J. (2012): Finanzinstrumente im IFRS-Abschluss von Nicht-Banken – Ein konkreter Leitfaden zur Bilanzierung und Offenlegung, 2.Aufl., Wiesbaden 2012

- Wenk, M.O. (2010): IFRS 9 – Verbesserung des „true and fair view" durch den neuen Standard für Finanzinstrumente?, in IRZ – Zeitschrift für internationale Rechnungslegung 2010, Heft 5, S. 205 - 206

- Zülch, H., Hendler, M. (2009): Bilanzierung nach International Financial Reporting Standards (IFRS), 1.Aufl., Weinheim 2009

- Zwirner, C (2009): Finanzkrise – Auswirkungen auf die Rechnungslegung, in der Betrieb 2009, Heft 8, S. 353-356